Magisches *Salzburger Land*

Ein Führer zu den vergessenen und neuen Kraft- und Kultorten im Flachgau, der Stadt Salzburg und dem Tennengau

VERLAG PLENK
BERCHTESGADEN

Impressum

Herausgeber	Verlag Plenk Berchtesgaden GmbH & Co. KG Koch-Sternfeld-Str. 5 | 83471 Berchtesgaden www.plenk-verlag.com Tel. +49 (0) 86 52 44 74 | Fax +49 (0) 86 52 66 277
Lektorat	Brigitte Stangassinger, Bischofswiesen
Druckvorstufe	Verlag Plenk Berchtesgaden GmbH & Co. KG
Gesamtherstellung	Triple AAA Druckproduktion

ISBN 978-3-944501-14-7

1. Auflage Herbst 2014

Bibliografische Information der Deutschen Bibliothek: Die Deutsche Bibliothek verzeichnet diese Publikation in der Deutschen Nationalbibliografie; detaillierte bibliografische Daten sind im Internet über http://dnb.ddb.de abrufbar.

Bildnachweis	Edin Berberović	84, 175
	H. Schöndorfer	97, 133, 134
	Michael Gentschy	92
	paxnatura	79
	Verlag Plenk	2/3, 10/11, 106, 107
	Martina und Rainer Limpöck	alle übrigen Bilder

Titelbild: Steinmandl im Tauglgries und Bärenhöhle am Seewaldsee.
Rückseite: Stupa am Mönchsberg in Salzburg.
Umschlag vorne Innenseite: Gollinger Wasserfall.
S. 177: Rupertusquelle im Lammertal.

Widmung

Dieses Buch ist den Riesen gewidmet, jenen mythologischen Wesen, wie dem Riesen Abfalter vom Untersberg, die in der Vorgeschichte form- und gestaltgebend in dieser Region wirkten und uns bis heute viele steinerne Rätsel hinterlassen haben.
Für die Menschenkinder sind die Erwachsenen heute noch unerreichbare Riesen – und dennoch reifen und wachsen sie heran.

Am Falkenstein.

Einleitung

Dieser Führer zu den Kraftorten und Kultplätzen des Salzburger Landes beschränkt sich auf die elementare Essenz der Orte als Quell- und Baumheiligtümer, Heilquellen – also Naturkraftorte, Orte mit mythologischen Bezügen, archaische (vorchristliche) Kultorte, Sakralorte und Kraftorte, die durch menschliches Zutun sich entwickelt haben.
Daher sind geschichtliche und geologische sowie geografische Angaben auf das Nötigste reduziert, um sich auf das Wesen des Ortes konzentrieren zu können. Unser menschlicher, missionarischer Eifer hat über die Zeiten hinweg viele Ursprünge der Naturenergien von Erde und Kosmos einfach 'getauft', verdeckt, umgepolt, dem Zeitgeist entsprechend verändert. Heute tun wir uns schwer, ursprüngliche Bezüge wiederzufinden oder gar die Sprache der Natur zu verstehen oder sogar zu erlernen. So bleibt oft nur das instinktive Setzen von Steinmandln oder Steinkreisen, um zu sehen, was in uns oder am Ort passiert, wie es uns erdet, wie es uns wieder ganz macht. Beobachten wir dabei doch einfach die Kinder und Tiere, deren Instinkte und Intuitionen oft noch unverfälscht sind. Blicken wir in ihre Augen und versuchen wir in ihrem Leuchten unser eigenes Licht, unser Selbst zu finden.
Dabei können uns die Mythen eine große Hilfestellung geben. Ich empfehle die alten Sagenbücher wieder hervorzuholen, entweder aus unserer eigenen Kindheit, aus der Hinterlassenschaft unserer Ahnen oder aus den Buchantiquariaten. Hinter jeder Sage steckt ein wahrer Kern und so wird das Kennenlernen der Heimat zu einem neuen, unbekannten Abenteuer, das unsere Sinne bereichert und uns einen Erfahrungschatz zum (Über-)Leben schenkt.
Grundlage für mythologische Bezüge zu meinen beschriebenen Orten ist das bereits 1962 im Verlag der Salzburger Druckerei erschienene Salzburger Sagenbuch von den beiden Lehrern und Heimatforschern Josef Brettenthaler und Matthias Laireiter, das heute nur noch antiquarisch zu beziehen ist.
Die hilfreichen Naturgeister gibt es noch heute und in meinen Büchern habe ich schon über die Rückkehr der Untersbergmandln geschrieben. Doch auch die Wildfrauen, die Kasermandl, die Nixen und Quellgeister wollen wieder entdeckt, besungen, angebetet, geehrt und geschätzt werden.
Und dazu die uralten Kulte und ihre Wirksamkeit, zu denen ich in diesem Handbuch auch immer wieder Tipps gebe.
Der Schleier zur Anderswelt war und ist dünn und lüftet sich mehrmals im Jahreskreis zu den Sonnwendzeiten und den Raunächten. Beobachten wir die Sonnenaugen der Alpen und lassen wir uns berühren vom kosmischen Licht, wenn es durch jene mystischen Felsenlöcher (siehe u.a. das Drachenloch am Mondsee) tritt und uns verzaubert und energetisiert. Die Gebirge und damit

unsere Alpen sind die größten Emanationen der Naturwesenheiten. Ihnen gilt Aufmerksamkeit und Ehre. Dies sollte als Ergänzung zum Bergsport und Naturkonsum verstanden werden. Ein stilles Gehen und Verweilen (neudeutsch 'Entschleunigen'), ein Blick neben den Weg sollte zum Ziel einer Wanderung werden, nicht (allein) der Gipfel, der Rekord. Das stille Gehen und Beobachten der Natur und ihrer Wesenhaftigkeit wird so zur Gotteserfahrung jenseits aller Konfessionen und Dogmen.

Ich bin in der mystisch-mythischen Region des Berchtesgadener und Salzburger Landes aufgewachsen und engagiere mich heute als Heimatforscher, Mythologe, geomantisch und schamanisch Tätiger für das Wiederentdecken der unbekannten heimatlichen Wurzeln.

In diesem Führer zu den Kraftorten und Kultplätzen des Salzburger Landes beschreibe ich diese in einfacher und prägnanter Weise und gehe dabei auf ihre Qualitäten und Charateristika ein, die jedoch - je nach persönlicher Veranlagung - durchaus unterschiedlich erfahren werden können.

Die meisten Orte sind einfach, über kurze Wanderwege als Spaziergang, teilweise sogar per Auto erreichbar (grüner Punkt). Ein Teil sind mittellange Wanderungen (gelber Punkt) und ein weiterer, kleiner Teil anspruchsvolle und nur für Ortskundige und Bergerfahrene auffindbar (roter Punkt).

Der Weg zu den Berggeistern
ist steinig und steil,
aber er lässt uns tief blicken.

Der Stern der Untersbergkirchen

Wie ein Stern breiten sich die Erdenergielinien vom Energiezentrum des Untersbergs (Mittagsscharte / Höhle Steinerner Kaser - siehe Tour Nr. 31) in alle Himmelsrichtungen aus und erinnern dabei an sein australisches Pendant, den Ayers Rock, heute auch wieder in der Aborigin-Sprache als Uluru bekannt, von dem aus, den Überlieferungen zufolge, die Songlines sich sternförmig über den Kontinent ausdehnen.
Nach einer Sagenversion von 'Lazarus Gitschner und die Prophezeiungen

des Mönchs vom Untersberg‘ lassen sich **12 Untersbergkirchen als alte Kraftorte und Kultplätze** auflisten bzw. erkennen, die auch in angrenzende Landkreise (Bayern) oder Gaue (Salzburger Land) hineinreichen. Die nachfolgende Gesamtdarstellung ist in einer Version der Sage original aufgelistet und soll ihre Qualitäten und Aspekte bei einem einheitlichen Energiewert von 13.500 Boviseinheiten wiedergeben:

1. St. Bartholomä = am Königssee
   das „Sprachrohr Gottes“, ein Orakelplatz
2. Dom von Salzburg
3. Kirchenthal = Maria Kirchental bei Lofer
4. Feldkirchen bei Ainring (Marienkirche!)
   Demut / die Kraft der Frau (der dreifaltigen Muttergottheit) in sich erwecken (Männer wie Frauen)
5. Gmain = Großgmain (Marienkirche!)
   Polarität und Verbindung der Gegensätze
6. Seekirchen (Wallersee/Salzburger Land): Petruskirche
7. Maxglan (Stadtteil von Salzburg: Maximilianskirche)
8. St. Michael im Lungau (Salzburger Land)
9. St. Gilgen = am Wolfgangsee
10. St. Zeno in Bad Reichenhall
    Kontakt mit und Heilung durch Licht und Liebe der unendlich sprudelnden Quelle
11. Mariaegg = Maria Eck bei Siegsdorf
12. St. Peter und St. Paul in Bad Reichenhall
    (die beiden Kapellen existieren zwar nicht mehr, allerdings ist vor Ort noch das Ursprüngliche erfahrbar)
    Übergänge / Sterben und der Blick hinter den ’Schleier‘

Im zentralen Mythos von Lazarus Gitschner werden also sakrale Plätze bzw. Kraftorte und Kultplätze bewahrt und offenbaren ein Erdenergienetz, das sich vom Energiezentrum des Untersbergs, der Mittagsscharte, sternförmig ausbreitet (siehe dazu auch die Grafik in der Karte ’Magisches Berchtesgadener Land‘).
Bezeichnenderweise plant der österreichische Ex-Skirennläufer und heutige Jerusalem-Pilger und Visionär David Zwilling hier seine steinerne Leitsternpyramide zu installieren, um auf die von ihm entwickelten 12-Werte-Wege in der Untersbergregion mit ihren 12 Untersberggemeinden hinzuweisen (siehe dazu auch http://www.zwilling.at/wertewege/rundumdenuntersberg.htm).

Die heiligen Bergbezirke Großglockner und Untersberg

Das Salzburger Land wird von zwei großen Berggeistern beschützt und bewacht, vom Großglockner und vom Untersberg. Es sind zugleich heilige Berge für die Menschen dieser Regionen, die in Form von Wallfahrten früher und heute umrundet wurden. Seit einigen Jahren wird der Untersberg wieder zum 14. August umrundet, um die in Stein gebundenen Seelen zu erlösen. Zum Großglockner findet jährlich zum 28. Juni die Pinzgauer Wallfahrt nach Heiligenblut statt, um dort Schutz für Haus und Hof der Pilger zu bitten. Ihm hat bereits der christliche Mystiker und Prophet Jakob Lorber sein 'Evangelium der Berge' gewidmet und den Großglocker als Gebirgs- und Landesvater bezeichnet und beschrieben. Vielleicht ist als Gegenpol dazu die Benennung des Untersbergs vom Dalai Lama als ein 'Herzchakra der Erde' zu verstehen - als liebende Bergmutter.

Der zweiteilige Führer berücksichtigt dabei diese heiligen Bergbezirke

- Teil 1 bezieht sich auf die Salzburger Gaue Flachgau, Tennengau und Salzburg Stadt und damit den heiligen Untersbergbezirk

- Teil 2 beschreibt die Salzburger Gaue Pongau, Pinzgau und Lungau und damit den heiligen Großglocknerbezirk

Die heiligen Falkensteine

Neben den großen heiligen Bergen existieren auch kleinere 'Ableger' - z.B. die Falkensteine, die sogar wie der Falkenstein am Wolfgangsee eine heilige Achse (die 12 Untersbergkirchen/12 Erdenergielinien) zum großen Bruder Untersberg bilden. Gerade jene mystischen Falkensteine bergen noch viel Unentdecktes in sich und lassen aber eine Art Matrix in der Landschaftsmythologie erkennen.

- Der Falkenstein am Wolfgangsee ist einer der bekanntesten Kult- und Pilgerorte und wird im Teil 1 ausführlich beschrieben
- Der Falkenstein bei Krimml war Ort einer vorgeschichtlichen Höhensiedlung (siehe Teil 2)
- Im Berchtesgadener Land (siehe Magisches Berchtesgadener Land)

liegt der Falkenstein am Königssee noch im Verborgenen

- Im Chiemgau findet sich der Falkenstein bei Inzell mit Frauenloch, Quellheiligtum und den Sonnen- und Mondkulthügeln zu seinen Füßen (siehe Magisches Berchtesgadener Land)

Um das Ausmaß des heiligen Untersbergbezirks zu verstehen und zu überblicken empfehle ich zusätzlich mein Buch 'Magisches Berchtesgadener Land' (Plenk Verlag 2012) sowie meine Bücher 'Mythos Untersberg' (Pichler Verlag 2011) und 'Hoch und heilig' (Plenk Verlag 2013).

Kraftorte und Kultplätze im Salzburger Land

Mythologischer Ort

Kultort

Kraftort

Sakraler Ort

Naturkraft Ort

Geomantische Strukturen im Salzburger Land

Der Stern der Untersbergkirchen

Die heiligen Bergbezirke Großglockner und Untersberg

Die heiligen Falkensteine

Flachgau - Salzburg- Übersicht

Flachgau - Salzburg- Übersicht

Tennengau - Übersicht

Naturpark Buchberg

:: Der Kraft der Bäume auf der Spur ::

Der **Buchberggipfel** (801 m) im Gemeindegebiet Mattsee ist seit 2009 ein Naturpark. Er ist umgeben von sieben Seen und bietet vom Aussichtsplateau ein grandioses Panorama auf das Alpenvorland mit seinen sanften Hügeln und der Nördlichen Kalkalpen. Natur und Kultur gehen hier eine interessante Symbiose ein, die durch sechs Themenwege (Kraftweg, Bauernweg,

Hinweisschilder am Buchberg.

Sagenweg, Wildgemüseweg, Vogelweg, Waldweg) umgesetzt wurden. Auch Landart-Künstler und Radiästheten waren daran beteiligt.
Uns soll natürlich der (beschilderte) Kraftweg interessieren, auf dem radiästhetische Erkenntnisse zu den Erdenergieplätzen vorgestellt werden und der zum Erproben der eigenen Fähigkeiten einlädt.
Den Ausgangspunkt für diesen Themenweg erreichen wir von Salzburg kommend Richtung Mattsee. Kurz nach dem Kreisverkehr in Obertrum beim Ortsschild 'Außerhof Gemeinde Mattsee' biegen wir rechts ab und fahren die Straße hinauf bis Hiab, wo sich bei einem Gehöft eine kleine Parkfläche mit Hinweistafeln u.a. „Ausgangspunkt Buchberg-Wanderung" befindet.
Die Tafeln leiten uns so auch in den Wald, wo sich keltische Grabhügel befinden, die zur hallstattzeitlichen Höhensiedlung am Buchberggipfel gehörten. Ein ansprechend gestaltetes Baumhaus lässt hier Kinder spielen und auf Entdeckungsreise gehen, während die Erwachsenen sich mit den Ahnengeistern der Bronzezeit und der heutigen Erdenergie vertraut machen können.
Über das Gehöft Gigner wandern wir gemächlich auf der Sonnenseite des Buchbergs hinauf zum Gasthof Alpenblick, wo der Gipfel-Rundweg beginnt. Bei der nahen Wallmischkapelle bietet sich an einer Ruhebank eine erste Rast und eine tolle Aussicht an.

Ein Baumhaus als Spielplatz für Kinder neben den Grabhügeln.

Nach 45 Minuten haben wir das Gipfelplateau und damit den Hauptenergieplatz erreicht. Das Plateau lädt nun zu verschiedenen Aktivitäten ein. Kinder finden einen tollen Abenteuerspielplatz, Erwachsene können sich mit den

Am keltischen Grabhügel.

LandArt-Skulpturen oder mit der eindrucksvollen Aussicht von der Plattform beschäftigen und der Lagerfeuerplatz (mit Löschwasser!) bietet ein besonderes Picknickerlebnis an.

Den höchsten Bereich des Buchbergs im Norden mit Blick auf den Obertrumer See erreichen wir schließlich nach fünf Minuten.

Im Zentrum stehen weitere Bänke, ein Kreuz und es thront eine Buche, die es zu erkunden gilt. Auf einem Hinweisschild am Gipfel lesen wir: *'Alte Siedlungsplätze / Kultplätze sind häufig starke Energieplätze, wie radiästhetische Untersuchungen zeigen. Die Kraftbuche steht inmitten eines 4 x 4 m großen Energieplatzes, der eine rechtspolare, aufbauende Strahlung von 18.000 Boviseinheiten abgibt. Der Normalwert der Abstrahlung von Mensch, Pflanze, Wasser etc. beträgt 6.500 Boviseinheiten.(...)'*

! ***Verweilen Sie auf der Bank, solange Sie es angenehm und aufbauend empfinden. Dadurch wird dem Körper Energie zugeführt.***

Ausgangsort Hiab - Gemeinde Mattsee
Hinweg 45 Minuten (mit Gipfel-Rundweg)
Gelände unschwierig / Frühjahr bis Herbst
Gasthaus Gasthof Alpenblick

Steinbruch Schlößl

:: Ausflug in die Vergangenheit zu einem hochenergetischen Sand ::

Schlößl ist eine Ortschaft in der Gemeinde Nußdorf am Fuße des Haunsbergs. Im Mittelalter befand sich hier eine Burg, wo heute die Kirche St. Pankraz und das Wirtshaus Schlößl steht. Und in der Bronzezeit gab es hier eine Höhensiedlung, was entsprechende Funde belegen. Auch ein geologischer-paläontologischer Lehrpfad empfiehlt sich für einen Besuch. Dieser soll auch das Kernthema der Kraftwanderung sein.

Neuzeitliche Felsmalerei.

Bei der Nußdorfer Landesstraße nehmen wir die Abzweigung zum 'Wirtshaus Schlößl', fahren ca. 500 m die steile Straße hinauf und parken am großen Waldparkplatz unterhalb des Burgfelsens.
Wir durchfahren dabei zwei riesige Felstürme, die als steinerne Wächterwesen dieser Energiezone fungieren und den Augenmerk auf Steinenergien lenken. Wir lassen aber zunächst Kirche und Gasthaus rechts liegen. Auf der Richtung Osten bergauf verlaufenden Forststraße gelangen wir nach wenigen Minuten zum Steinbruch, wo im vergangenen Jahrhundert Quarzsande abgebaut wurden.
Schautafeln informieren uns entlang des Geologie-Lehrpfades immer wieder über die interessanten Stationen und geben einen geschichtlichen Rückblick auf den Haunsberg und seine Umgebung.
Der durch seine ockergelbe Farbe am rechten Wegrand leuchtende Steinbruch birgt noch heute einen steinernen Schatz: Fossilien, die 50 Millionen Jahre alt sind, südlich der Alpen abgelagert und erst später durch die Kontinentalverschiebung herauf transportiert wurden. Der ehemalige Quarzsandabbau hat dabei uralte Gesteinsschichten aufgeschlossen, zeigt heute senkrecht aufgerichtete Roterzschichten und durch Sandschichten getrennte reichhaltige Fossilienschichten, die voll mit den Überresten urzeitlicher Tiere sind.

Der hochenergetische Steinbruch.

Radiästheten messen hier extrem hohe Boviseinheiten. Bereits der gelbe Sand strahlt starke Energien ab. Es gilt, Vorsicht walten zu lassen beim Umgang mit dem Sand, falls man/frau ihn mitnehmen möchte. Selbst kleinere Mengen wirken sich auf den menschlichen Organismus aus und Laboruntersuchungen haben eine 'suchende' Wirkung des Sandes festgestellt: der Sand sucht sich im menschlichen Organismus - sobald er eingebracht wird - die Schwachstellen.
Dementsprechend kraftvoll sind somit auch Fossilien, wie Schnecken, Muscheln und Haifischzähne, die hier auffindbar sind.

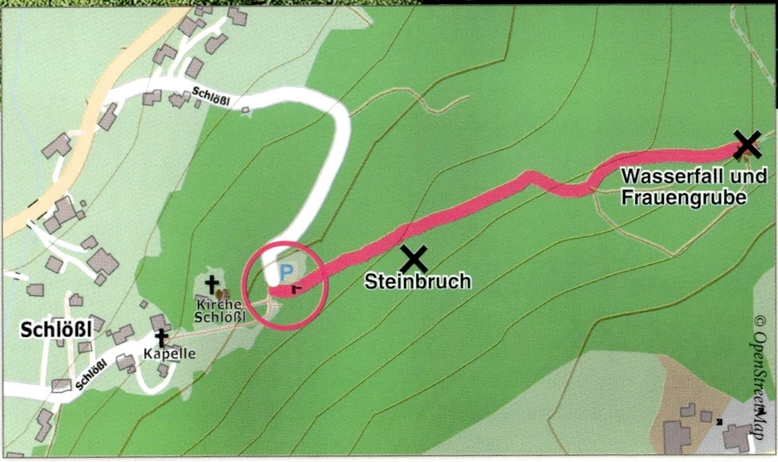
Schlößl
Wasserfall und
Frauengrube
P
Steinbruch
Kirche
Schlößl
Schlößl
Kapelle
Schlößl
© OpenStreetMap

Lediglich am Kroisbach, der am weiteren Forstweg entlang führt, ist es verboten, Fossilien mitzunehmen, da dieser als Naturdenkmal geschützt ist. Geologie- und Paläontologieinteressierte können den Forstweg über die Stationen 'Betrunkener Wald' (krumme Bäume durch eine Hangrutschung) bis zum idyllischen Wasserfall in der Frauengrube fortsetzen, der nach insgesamt einer halben Stunde erreicht wird.
Zurück am ehemaligen Burgfelsen der Haunsperger (Sage!) lädt uns das romantische Wirtshaus Schlößl und die Kirche St. Pankraz zur Einkehr ein. Oberhalb der Kirche lässt sich noch auf den Resten der Burg herumklettern. Zahlreiche, meist neuzeitliche Felsritzungen sind hier zu finden.

Im nahen Maunzgraben (bei Anthering) soll der Sage nach ein teufelähnliches Untier, ein menschenähnliches Geschöpf gelebt haben, das dann von den Einheimischen Maunzteufel genannt wurde. Die Bauern nannten es auch Forstteufel, weil es stets im dunklen Wald des Haunsberges verschwand. Als es schließlich eingefangen werden konnte, starb das menschenscheue Wesen schließlich, da es jegliche Nahrungsaufnahme verweigerte. Ein in Stein gehauenes Abbild des Maunzteufels, welches in Hellbrunn bei Salzburg aufgestellt ist, soll die Wahrheit bezeugen, dass es dieses 'Tier' gegeben hat.

! *Da an diesen Stellen noch heute der Erde viel entnommen wird, sollten wir für diese Erdgeschenke selber einmal etwas opfern (kleine Halbedelsteine, Tabak, Blumen, geist-reiche Getränke ... vieles ist vorstellbar, solange die Absicht dahinter stimmig ist). Und auch an die 'arme Seele' des Maunzteufels sollte dabei gedacht und dafür gebetet werden.*

Ausgangsort	Nußdorfer Landesstraße - Wanderparkplatz Schlößl
Hinweg	30 Minuten
Gelände	unschwierig
Gasthaus	Wirtshaus Schlößl
Sagen	Die Haunsperger, Vom Forstteufel am Haunsberg, Die Wetterhexe vom Haunsberg

Der Spurstein in Kirchgöming

:: Ein Heilstein und Kultstein ::

Im kleinen Ort **Kirchgöming** (Gemeinde Göming) nahe Oberndorf an der Salzach ist an der Apsis-Außenmauer der Filialkirche Heiliger Maximilian ein sogenannter Spur- bzw. Schalenstein zu finden.

Der Spurstein 'Wolfgangstritt' - ein Heilstein.

Steinkulte und ihre heidnische Berührungsmagie wurden oft durch den heiligen Wolfgang von Regensburg missioniert und 'getauft'. Fortan galt jener katholische Heilige als ein 'heiliger Steinerweicher' und so finden wir heute bei vielen Wolfgangskirchen noch Kultsteine und können versuchen, ihre vorchristliche Wirkung zu ergründen.
Der heilige Wolfgang ist Patron der Hirten, Schiffer, Holzarbeiter, Köhler, Zimmerleute, Bildhauer, unschuldig Gefangenen, des Viehs, bei Schlaganfällen, gegen Gicht, Lähmungen, Fußleiden, Ruhr, Hauterkrankungen, Hautentzündungen, Blutfluss, Schlaganfall, Augenkrankheiten, Bauchschmerzen und Unfruchtbarkeit, Missgeburten.
Das liest sich fast wie eine Indikationsliste und so heißt es eben auch zum **Spurstein Wolfgangstritt** bei Kirchgöming, dass sich bis heute Fußkranke bevorzugt auf den Stein stellen, denn der Fuß passt dabei meist ganz genau in die Vertiefung. Eine vorchristliche Kulthandlung ist somit erhalten geblieben. Wir sprechen dabei von einer Kultkontinuität.

! *Versuchen Sie bei Fuß- oder Beinbeschwerden, den Fuß bzw. das Bein in die Schale zu positionieren. Der Steinkult ist noch heute wirksam und setzt dazu - wie bei allen Heilungskulten - die entsprechende innere Vorbereitung und Einstellung voraus. Dazu können Rituale und Gebete und Opfergaben hilfreich sein.*

Die Überlieferung zum Wolfgangstritt besagt nur, dass sich der heilige Wolfgang auf diesen Stein stellte, um einen Blick in die Kirche zu werfen. Dabei hat er dann seinen Fußabdruck im Stein hinterlassen.
Verschiedene Kultsteine scheinen tatsächlich verschiedene Wirkungen zu besitzen, so gibt es z.B. die Bucklwehluck'n im oberösterreichischen St. Thomas

am Blasenstein oder den Kopfwehstein am Falkenstein beim Wolfgangsee. Manche Indikationen bleiben eben noch durch die Überlieferungen erhalten.

Ausgangsort	Kirchgöming (Gemeinde Göming bei Oberndorf) / Kirche
Hinweg	Parken neben der Kirche
Gelände	unschwierig / ganzjährig
Sage	Der Wolfgangstritt von Kirchgöming

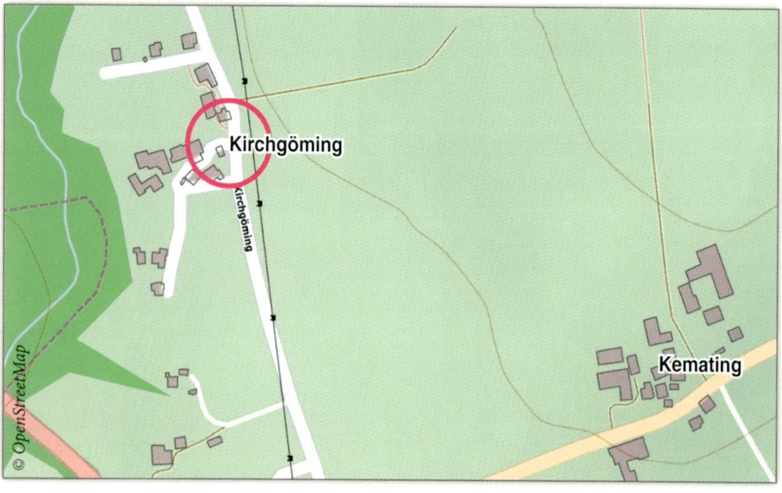

Zellhof - Georgskapelle/Marienwallfahrtskirche - Kirchenlinde - Gnadenbründl

:: Vom Baumwesen zu den Wassergeistern ::

Zellhof liegt direkt im Naturschutzgebiet Trumerseen an der Obertrumer Landesstraße auf halber Strecke zwischen den Orten Mattsee und Seeham und in einem prähistorischen Siedlungsgebiet. Der ehemalige landwirtschaftliche Gutshof des Collegiatstifts Mattsee ist heute ein internationales Pfadfinderzentrum (Wegweiser) und die dortige frühere Georgskapelle und spätere Marienwallfahrtskirche wird heute gern für Taufen und Hochzeiten genutzt.

Als Naturkraftort erfahren wir die mächtige, uralte Kirchenlinde, die unter Denkmalschutz steht.

Bezeichnend für die Dynamik eines solchen Ortes ist, dass er in unserer Zeit den Pfadfindern - also insbesondere Kindern und Jugendlichen - Freude und Erholung schenkt. Aus Kult wurde Kraft!

Das Kraftzentrum liegt allerdings außerhalb des Pfadfinderdorfes im nordöstlich gelegenen Buchenwald - dem Zellbuchet. Dort befindet sich direkt am Ufer des Grabensees das **Gnadenbründl**, von dem es heißt, dass die Pil-

Die Kirchenlinde lädt zum Anlehnen und Krafttanken ein. Sichtbar gewordene Herzenergie einer Buche. Eine Räucherung als Dank für den Quellgeist (von links nach rechts).

Eingang zum Pfadfinderdorf Zellhof.

ger zu Wallfahrtszeiten direkt zu dieser Heilquelle marschierten und die Kirche leer blieb.
Vor der Einfahrt zum Zellhof führt ein schnurgerader Feldweg entlang alter Birnbäume zum Waldrand. Nach den Schranken links (Wegweiser) erreichen wir nach wenigen Minuten das Gnadenbründl am Seeufer.
Bereits der Weg zu diesem Naturkraftort besticht durch seine Vielfalt und Leichtigkeit entlang luftiger Felder und durch den stillen Buchenwald und schließlich wenige Meter oberhalb des romantischen Grabensees.
Auch die Lage der Quelle unmittelbar am Seeufer wird zu einem elementaren Erlebnis, das wir in Meditation oder Gebet auf einer Ruhebank darüber vertiefen können.
Bemerkenswert sind die Dankes- oder Opfergaben, die sich immer wieder in der natürlich gestalteten Steineinfassung der Quelle finden lassen. Ein lebendiger Quellkultort, an dem die Wassergeister schnell spürbar werden.

Es bietet sich an, den Rundweg um den Grabensee fortzusetzen, der nach zwei Stunden am Ausgangspunkt abgeschlossen wird.

Ausgangsort	Zellhof, Parkplatz Pfadfinderzentrum / Kirche
Hinweg	30 Minuten, Grabenseeumrundung 2 Stunden
Gelände	unschwierig
Gasthaus	Gasthof Grabensee - am Südende des Sees
Sage	Das Mooskaibl

Mattsee
Moorbad / Aug
Gnadenbründl
Grabensee
Zellhof
P
© OpenStreetMap

Tiefsteinklamm und Frauenloch

:: Auf der Suche nach der teuflischen Höhle ::

Die **Tiefsteinklamm** liegt südlich von Schleedorf und ist ein geschützter Landschaftsteil, durch die als Abfluss der Egelseen die Fischache bzw. der Tiefsteinbach fließt.

Schutzzweck:

Diesen weitgehend unberührten, zwischen mächtigen, zum Teil überhängenden Konglomeratfelsen eingetieften und über Felsenblöcke kaskadenartig stürzenden Bach mit seiner Umgebung, die ein schluchtartiges Klima, weitgehend naturnahen Waldbewuchs mit teilweisem Vorkommen von Schluchtwaldbaumarten wie Ulmen und eine üppige Fels- und Bodenvegetation besitzt und von zahlreichen Kleinvögeln und Mollusken bewohnt wird, naturbelassen zu erhalten und für die Erholung der Bevölkerung zu widmen.

Die Wanderung bietet sich insbesondere an heißen Sommertagen an, wenn die Freibäder und Seen der Region überfüllt sind, denn die Klamm verbirgt sich im Wald, bietet aber gerade für Kinder viele Erlebnisse und Erfrischung am Wasser des Tiefsteinbaches.

Der Wasserfall am Klammende.

Das mysthische Frauenloch.

Die Klamm ist ein kraftvoller Wasserort - doch wo befindet sich die mystisch-mythische Höhle?

Anfahrt:
Von der L238 - der Seekirchner Landesstraße - der beschilderten Abfahrt zur Tiefsteinklamm bei Fischachmühle (Gemeinde Köstendorf) nach Norden abzweigen, einer schmalen Straße einige hundert Meter bergwärts und links halten. Kurz vor dem Waldende kommt auf der linken Seite ein Hinweisschild und Parkmöglichkeit im Wald. Der hier ansetzende Waldweg führt nun bergab in die Klamm (Begehbarkeit: 500 m) und stößt nach wenigen Gehminuten bereits an einen Jausentisch mit Bänken, von wo aus ein schöner Blick in den hinteren Klammbereich möglich ist.
Kurz darauf ist die Klammsohle erreicht. Die eigentliche Klamm findet sich bachaufwärts. Den Weg bachabwärts kann man/frau noch bis zur Fischbachmühle folgen, ist aber weniger interessant und im unteren Bereich stark verwachsen.

Die Sage beinhaltet wieder einmal Hinweise auf einen früheren Kultplatz. Allein schon die verschiedenen überlieferten Namen (Wildfrauenhöhle, Frauenloch oder Teufelshöhle) sind verdächtig und finden sich an vielen anderen Orten im Alpenraum, wo der Wirkungsbereich der ursprünglichen großen dreifaltigen, keltischen Muttergöttin Percht gewesen ist. Laut Überlieferung soll fahrendes Volk dort Unterschlupf gesucht haben, hätten dort

Blick aus der Grotte am Wasserfall.

drei Frauen gelebt und einen Schatz (Symbol für okkultes Wissen) gehütet und führte ein geheimer Gang einst weit ins Land hinein (Hinweis auf Anerkennung und Verbreitung jener Priesterinnen). Rund um die Klamm siedelten einst tatsächlich Kelten und Römer. Orte am Wasser, ein Wasserfall oder gar Höhlen galten als heilbringend und segenspendend, hier wurde den Wasser- und Erdgottheiten gehuldigt.

Die zunächst vage Ortsbezeichnung in der Sage *'auf der Südseite des steilen Uferhanges befindet sich der Eingang einer stark verfallenen Höhle'* relativiert sich rasch, wenn wir in der Klamm das Hinweisschild 'Tiefsteinklamm - geschützter Landschaftsteil' erreicht haben. Hier zeigt sich bereits am gegenüberliegenden Bachufer eine riesige Halbhöhle, die im unteren Bereich durch Kies und Sand verschwemmt ist, also möglicherweise durch Hochwasser beeinträchtigt wurde (laut Sage ist die Höhle infolge eines Gewitters eingestürzt). Dahinter ist eine Fortsetzung eines Höhlenraumes zu vermuten. Doch schon die vorhandene großräumige Felsüberdachung direkt am Bach erscheint als geeigneter Unterstand gegen Wind und Wetter.
Auch energetisch lässt sich hier der Schutzgeist des Ortes verspüren.

! ***Der große Halbkreis unter dem Felsendach bietet sich auch heute noch für Rituale zu Ehren der Ortsgeister an. Insbesondere Trommeln haben hier eine eindrucksvolle Akustik. Um in Ruhe alleine oder in Gruppen wirken zu können, bieten sich die Morgen- und späten Nachmittagsstunden bzw. der frühe Abend an.***

Wir wandern weiter am Bach entlang zum Wasserfall am Ende der Klamm. Dort tost und braust die Fischache über Felsblöcke und wir können am Ab-

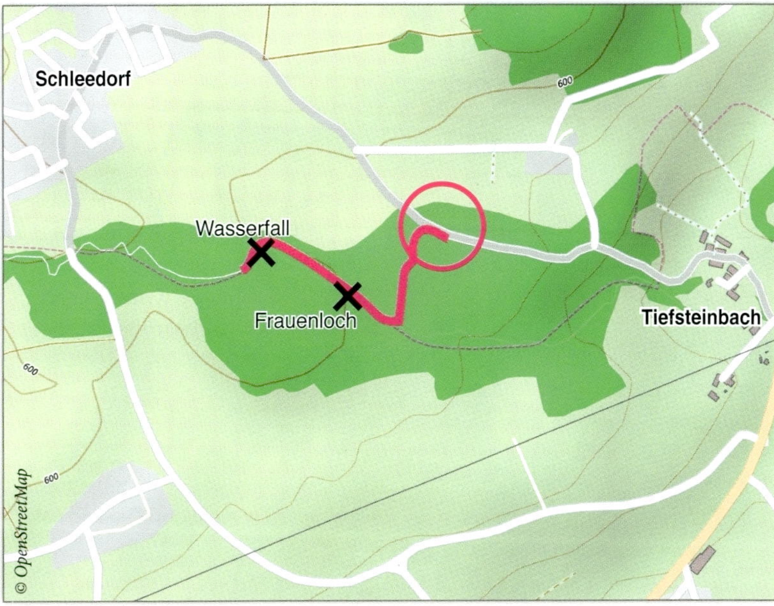

grund entlang vorsichtig die letzten Meter emporsteigen. Wer nun seine Augen im Halbdunkel der Felsüberhänge öffnet, entdeckt in einer Felsnische einen kleinen Naturaltar, der mit Kerzen und Blumen oder Kräutern geschmückt ist. Das mag auch der einstige Kultplatz am Wasserfall gewesen sein – und er besitzt noch heute eine magische Ausstrahlung. Wasser- und Lichtwesen tanzen noch immer den Tanz der Elemente.

Ausgangsort	Waldparkplatz Fischbachmühle
Hinweg	15 Minuten vom Waldparkplatz zur Klamm von hier 15 Minuten bis Klammende
Gelände	unschwierig (festes Schuhwerk wird empfohlen) / ganzjährig
Sage	Von der Wildfrauenhöhle in der Tiefsteinklamm

Der Kolomansberg

:: Der Versammlungsort und das traurige Quellenheiligtum ::

Der **Kolomansberg** (1114 m) liegt an der Grenze von Salzburg und Oberösterreich hoch über dem Irrsee und ist ein beliebtes Wanderziel. Am Gipfel des bewaldeten Höhenrückens befindet sich eine Radarstation des Bundesheeres (militärisches Sperrgebiet) und 200 m südlich, unterhalb an einer Geländestufe auf einer ebenen Fläche die älteste erhaltene Holzkirche Österreichs - die *Wallfahrtskirche zum heiligen Koloman* (1098 m) mit seiner nahe gelegenen Heilquelle, dem *Kolomansbrünndl.*

Der Legende nach soll der aus Irland kommende Wanderprediger Koloman diese Quelle 'erweckt' haben. Für den Keltenexperten Dr. Georg Rohrecker ist Koloman jedoch ein erfundener Heiliger und ihm geweihte Kirchen stehen nach seiner Erkenntnis immer an ehemals keltischen Kultorten mit Quell- und Baumheiligtum.

Ein altes Quellenheiligtum scheint hier allerdings wahrscheinlicher.

Der Kirchenplatz wird als Glücksplatz gerne besucht.

Diese Pilgerstätte besitzt also einen vorchristlichen Ursprung und war ein Volks- oder Gerichtsversammlungsort oder ein Opferberg. Am nahe gelegenen *Schernthan* (Schergentanne = Richtplatz) der von hier über den beschilderten Wanderweg in 8 in 20 Minuten erreicht werden kann, wurden die Todesurteile gegen Diebe, Hexen und Zauberer vollstreckt.

Den energetisch belasteten, alten Richtplatz sollten wir jedoch im Dunkeln des Waldes belassen und uns auf die eigentlichen Kraft - und Kultplätze im Gipfelbereich konzentrieren.

Die christliche Indikation des Heilwassers ist für Fußkrankheiten und - wieder einmal - für Augenleiden. Die ursprüngliche Kraft des Wassers mag viel komplexer gewesen sein und sollte heute wieder erprobt werden.

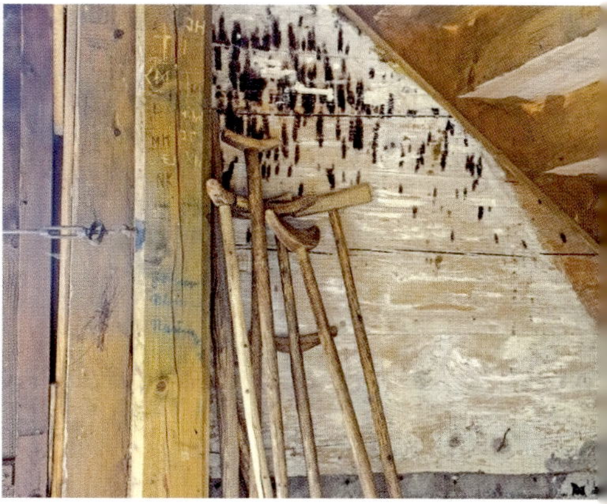

Holzkrücken von Pilgern.

Es heißt, dass die Bauern der Region dort 'heidnisches Unwesen' betrieben hätten. Wunder und Erleuchtungen seien dort geschehen. Zur Kirche brachte man/frau früher Tieropfer, Geld und Wachsfiguren. Tatsächlich ist eine starke Energie an beiden Orten (Kirche und Quelle) zu spüren.

Die Energie rund um die Kirche und in der Kirche selber ist erhaben. Schon beim Betreten stehen gleich linker Hand einige Holzkrücken, von Pilgern, die hier von ihrem Fuß- oder Beinleiden geheilt wurden. Auch der alte Totenkult der Totenbretter (auch Gedenk- oder Leichladen) an den Kircheninnenwänden ist beeindruckend.

Hinter der Kirche führt ein breiter Weg ca. 200 m nordöstlich hinter der Kirche hinunter zur Heilquelle. Diese wurde vor wenigen Jahren in einem Brunnenhaus neu gefasst. Die moderne Anlage ist alles andere als ansprechend. An der Außenwand ist ein schlichter Wasserhahn befestigt, der zum Zeitpunkt meines Besuches kein Wasser führte. Einige Meter unterhalb im steilen Wiesenabhang kommt man/frau zum Abfluss der Quelle (ein Plastikrohr). Bezeichnenderweise weist uns ein Schild neben dem Wasserhahn darauf hin, dass das Wasser (nach dem österreichischen Wasserrecht) kein Trinkwasser ist. Es fehlt jeglicher Hinweis auf die Bedeutung als uralte Heilquelle oder Quellenheiligtum. Hier besteht Handlungsbedarf.

! *Zukünftige Besucher mögen den Ort kraft ihrer Gebete und entsprechender Opfergaben wieder zu dem machen, was er einst war. Das Wasser hat seine Kraft und Wirkung nicht verloren, aber der Quellengeist ist traurig.*

Im ausgehenden Mittelalter berichtete Abt Wolfgang vom Kloster Mondsee seinem Passauer Bischof, dass das Hinwandern zur Quelle das 'desistere' - das Abstehen vom Glauben - fördert und dies ein gefährlicher Ort ist. Die Klosterbrüder durften daraufhin den Ort nicht mehr erwähnen, bis das keltische Heiligtum durch das Koloman-Patronat schließlich christianisiert wurde. Heute ist der alte Kultort Station zweier Pilgerwege: dem Arnoweg und der Via Nova.

Die Zufahrt erfolgt über Thalgau/Irlach unter der Autobahn durch nach Norden bis zur Straßengabelung (Wegweiser, Eisbahn) Wasenmoosstraße-Kolomansbergstraße. Die Kolomansbergstraße fahren wir nach Nordosten bis *Rauchenschwandt* (Bergstation Skilift) und folgen nun rechts, der Beschilderung bis zur Schranke. Von dieser Forststraße, die in den Wald führt, zweigt dann ein Steiglein nach Norden ab (Wegweiser) und es leitet uns direkt hinauf auf die Asphaltstraße knapp unter der Radaranlage. Weiter nach rechts auf der Straße bis hinauf zur Holzkirche, die wir nach 45 Minuten erreicht haben.

Trauriger Rest einer einst populären Heilquelle.

Auf dem Wanderweg zwischen dem *Kolomansberg* und *Sommerholz* (Wallfahrtskirche heiliger Georg - Drachentöter siehe S. 129) Richtung Irrsee befindet sich die Wanderwegstelle Toter Mann. Eine Holztafel erinnert hier an einen Mord wegen eines Karpfens. Doch Keltenexpertin Inge Resch-Rauter schreibt dazu:

Bei den 'Toter Mann'-Fluren ist immer wieder folgende Situation anzutreffen: es sind breite, flache Höhenkuppen mit weitem Rundblick, die von vielen Seiten relativ leicht erreicht werden können. Sie liegen etwas entfernt von den Ortschaften im freien Gelände.
(...) Analysiert man die beiden Worte des Flurnamens, zeigt sich, dass TOTA die jüngste Form des keltischen Wortes TEUTO ist, (...) und 'Volk' im Sinne von

'Stamm, Volksstamm' ausdrückt. Bei den Germanen entwickelte sich das von den Kelten übernommene Wort im Laufe der Jahrhunderte zu unserem Wort 'deutsch'. Das zweite Wort 'Mann' ist auf das keltische MAGOS, Feld, zurückzuführen. TOTA-MAGOS heißt demnach Volks-Feld und bezeichnet den Versammlungsplatz des Volkes, jenen Ort, den die Germanen Thingstätte nannten. An diesem Platze trafen die freien Männer zu Beratungen zusammen, hier wurde Recht gesprochen, erfolgten Stammesentscheidungen.
(Unser Keltisches Erbe, Eigenverlag, Wien 1992, S. 169 f.)

Die Überlieferungen zum Kolomansberg und der Namensursprung vom nahe gelegenen 'Toten Mann' verweisen somit beide auf vorchristliche Versammlungsorte.

Ausgangsort	Thalgau-Rauchenschwandt
Hinweg	ab Thalgau-Rauchenschwandt 45 Minuten
Rundweg	möglich über die Zubringerstraße zur Radaranlage (1½ Std.)
Gelände	unschwierig / ganzjährig
Gasthaus	Mooswirt (kurz vor Rauchenschwandt)
Sage	Heiliger Koloman am Kolomansberg, Toter Mann, Schernthan

Sonnenfeuer und Venusenergie
:: Das Drachenloch am Mondsee ::

Sonnenlöcher oder auch **Sonnenaugen** (siehe dazu auch meine Ausführungen auf S. 113 ff. in 'Die Zauberkraft der Berge', Pichler Verlag 2009 sowie die umfassende Beschreibung von Kurt Derungs 'Die Augen der Alpen', Edition Amalia, Bern 2014) sind Felslöcher, durch die an bestimmten Tagen im Jahr die Sonne durchscheint. Jener Durchgangsstrahl fällt dann im Tal auf Orte, die zu Kraftorten und Kultplätzen wurden. Meist sind Kirchen, Kapellen und Marterl auf jenen 'Sonnenorten' zu finden, wie im schweizerischen Bergdorf Elm (Martinsloch im Kanton Glarus) oder eben in St. Lorenz am Mondsee beim **Drachenloch** (auch Teufelsloch genannt) in der Drachenwand.

Ein einzigartiges Naturschauspiel: Sonnendurchgang am Drachenloch.

Die im Süden gelegene Drachenwand hat eine Eigentümlichkeit, die man aber auch an anderen Orten im Alpenraum oder sogar im nahen bayerischen Lattengebirge (Teufelsloch) finden kann: In der Wand befindet sich ein großes Loch, das sogenannte Drachenloch. Wenn nun die Sonne im Winter, zur Mittagszeit, hinter der Drachenwand vorbeizieht, dann tritt der Fall ein, dass die Sonne für kurze Zeit ihre Strahlen durch das Loch im Berge wirft und in die schattige Landschaft eine Lichtspur zeichnet, die etwa eine Kreisform hat. Menschen der Frühzeit haben diese Naturerscheinungen beobachtet und diese Lichtspuren durch Steinsetzungen in der Ebene markiert. Auf diese Weise haben sie eine Sonnenuhr und einen Sonnenkalender erhalten.
Ähnliche Anlagen sind uns in anderen Ländern (Stonehenge/England, Goseck/Deutschland) erhalten geblieben, mussten aber mühevoll künstlich errichtet werden. In unserer Zeit hat man im Zuge der Christianisierung die Zeugnisse einer großartigen heidnischen Vorzeit weggeräumt, bis auf wenige Punkte, auf denen Bildstöcke, Kapellen, Kirchen und andere Heiligtümer aufgebaut worden sind.

Die Sonne tönt nach alter Weise
In Brudersphären Wettgesang,
Und ihre vorgeschriebne Reise
Vollendet sie mit Donnergang.

Ihr Anblick gibt den Engeln Stärke,
Wenn keiner sie ergründen mag;
Die unbegreiflich hohen Werke
Sind herrlich wie am ersten Tag.

Goethe, Faust I

Es ist anzunehmen, dass sich die Kirche von St. Lorenz auf einem solchen Punkt befindet. Bei Beobachtungen sind weitere Positionen zum Beobachten des Sonnendurchganges bekannt geworden: Ein kleiner unscheinbarer Holzbildstock, der ziemlich genau nördlich vom Drachenloch steht und eine kleine Kapelle zwischen St. Lorenz und Plomberg. Beide Objekte begrenzen etwa den Sektor, in dem das Drachenloch sichtbar ist. Man kann nun in diesem Sektor beliebig umherwandern und zur gegebenen Zeit das Sonnenphänomen durch das Drachenloch beobachten. Auch ist das Begleiten des Lichtstrahles möglich.

Die Venusblume am Wanderparkplatz, hinten die Kirche von St. Lorenz.

Die Beobachtungskernzeit bei der Kirche ist mittags zwischen 12:30 Uhr und 13:30 Uhr vom 11. bis 13. Februar sowie vom 29. bis 31. Oktober. (Achtung: der stationäre Sonnendurchgang dauert nur ca. 3 Minuten, für eine längere Beobachtungszeit muss man dem Sonnenstand nachgehen) Gerade beim Februar-Sonnendurchgang kann an diesem Ort von einem keltischen Sonnenkult zu Imbolc, dem Fruchtbarkeitsfest, dem Fest des Lichtes ausgegangen werden, weil die länger werdenden Tage die Hoffnung auf den Frühling widerspiegeln. Der 1. Februar ist in Irland noch heute der Feiertag der heiligen Brigid. Feuer ist an diesem Tag so wichtig, da Brigid die Göttin des Feuers, der Heilung und der Fruchtbarkeit ist. Das Anzünden von Feuer symbolisiert die in den kommenden Monaten zunehmende Kraft der Sonne. Auf einem Seitenaltar der Laurentius (Lorenz) Kirche findet sich der heilige Nikolaus bei der Beschenkung der drei armen Jungfrauen (drei Bethen!). Im Alpenraum wird Nikolaus oft als 'Klooas' verkürzt. Darin steckt das Wort Glas/Glanz, was wiederum ein Synonym für die Percht ist (lat. perata = strahlend). Ein möglicher Hinweis auf einen früheren Frauenkultort!
Wenn oben am Drachenloch das Sonnenfeuer (Himmelsgöttin) erschien, brannte unten zu seinen Füßen das (Frauen-) Kultfeuer.

! ***Unbedingt eine Sonnenbrille zur Beobachtung des Sonnendurchganges mitnehmen.***

In der Nähe des ca. 400 m weiter südlich der Kirche gelegenen Gasthofs Drachenwand befindet sich der Wanderparkplatz Drachenwand. Bemer-

kenswerterweise wurde hier - auf einem danebenliegenden, frei zugänglichen Privatgrundstück - eine steinerne Venusblume mit 13 m Durchmesser und ein steinerner Friedensstern installiert. Die Sonnendurchgangszeiten in diesem Bereich liegen vom 31. März bis 1. April und vom 11. bis 13. September - also nahe dem keltischen Erntefest Mabon, der Herbsttagundnachtgleiche (wie Imbolc ein Sonnenfest im keltischen Jahreskreis).

! ***Ein Besuch der Venusblume und des Friedenssterns sollte zu den dortigen Sonnendurchgangszeiten erfolgen und sich durch ein Ritual für Sonne, Venus und den Frieden auf Mutter Erde ergänzen.***

Ausgangsort Sankt Lorenz / Wanderparkplatz Drachenwand
Hinweg Parken neben der Kirche
Gelände unschwierig
Gasthaus Ghf. Drachenwand, St. Lorenz 46, ca. 400 m südlich der Kirche
Sagen Die Sage vom Drachen und der Drachenwand, Felsloch in der Drachenwand

Der heilige Falkenstein am Wolfgangsee
:: Die 10 Stationen des Falkensteins – ein Pilgerweg zur Frühlingsgöttin ::

Es heißt, die Namen Österreich und das dem **Falkenstein** gegenüberliegende Gebirge der Osterhorngruppe sollen von der germanischen Frühlingsgöttin Ostara abgeleitet worden sein (Dr. Georg Rohrecker).
Jener Pilgerweg zum Falkenstein ist ein Weg des Erkennens - der eigenen (inneren) und äußeren Natur und ein Erfahren der elementaren Alpenkräfte. Ein Weg zu und mit den fünf Elementen, Naturwesenheiten und alten Durchschlupfbräuchen. Die von mir beschriebenen Pilgerstationen sind jedoch dynamisch - d.h. sie sind veränderlich, können sich jedes Jahr wieder anders darstellen - entsprechen eben dem Wandel der Natur!
Gerade zum Frühlingsbeginn, zum Ostara-Fest, lädt dieser Weg zum Pilgern in die schamanische Anderswelt unserer Bergheimat auf einen Berg der Urmutter ein.

Der Falkenstein: über seine Südwand wurden einst Opfergaben dem See übergeben.

Station 1: am Seeparkplatz. Station 5: Gespräch mit einem Drachenwesen.

Übersicht:	**Station 1**	Der Wolfgangsee
	Station 2	Der Wächterbaum und die Schlupfwurzel
	Station 3	Die Stierkopfwurzel
	Station 4	Die Liebenden I
	Station 5	Die Drachenwurzel
	Station 6	Der Falkenstein-Gipfel
	Station 7	Die Liebenden II
	Station 8	Die Heilquelle
	Station 9	Die Höhle
	Station 10	Der Opfersteinhaufen

Station 1: Der Wolfgangsee

Der Seeparkplatz Fürberg ist zur Frühjahrstagundnachtgleiche unser Treffpunkt um 5 Uhr früh, um pünktlich zum Aufgang der Frühlingssonne am Gipfel des Falkensteins zu sein. Erst auf den letzten Metern der steilen Zufahrtsstraße öffnet sich vor uns die dunkle Silhouette des Sees. Hier begegnen und spüren wir zum ersten Mal das ELEMENT WASSER.
Wir begegnen den Mitpilgern in absoluter Dunkelheit - weder Parkplatz noch Zufahrtsstraße sind beleuchtet. Die Seegeister ruhen noch - vielleicht begrüßen uns ein paar Nebelwesen wie in früheren Jahren.

! ***Wir suchen einen Stein vom Seeufer, tragen ihn mit, um ihn dann später beim Steinopferhaufen rituell abzulegen, zu opfern: Ein Dank für den großen Geist, für die Götter.***
Alternative: Wir übergeben dem Stein unser Anliegen, unseren Wunsch, um ihn am Gipfel oder in der Kulthöhle den höheren Mächten zur Wunscherfüllung zu übergeben.

Station 2: Der Wächterbaum und die Schlupfwurzel

Am Beginn des Pilgerwegs empfängt uns ein mächtiger Wächterbaum mit seiner eindrucksvollen Schlupfwurzel, der Groß und Klein zum Abstreifen negativer Energien und/oder zum Heilwerden einlädt. Ein uralter Reinigungs- und Heilungskult, der dann später seinen Höhepunkt beim Durchkriechen durch den Felsspalt in der Höhle erfährt.

! *Wir bitten die Geister des Ortes um Einlass für den beginnenden Pilgerweg.*

Station 3: Die Stierkopfwurzel

Inzwischen haben wir jetzt auch die ersten Kreuzweg-Stationen des christlichen Pilgerwegs hinter uns gelassen und der steile Aufstieg lädt genau zur Hälfte des Weges zum Verschnaufen und zur ersten Einkehr ein. In der beginnenden Dämmerung können wir eine stierköpfige Naturwesenheit erkennen - ein Wächterwesen.

! *Auch bei diesen oder anderen am Wegesrand emanierten Geistern des Ortes bitten wir um Schutz auf dem weiteren Pilgerweg.*

Station 4: Die Liebenden I

Wir betreten das heilige Areal - den Beginn des Gipfelbereiches - das ELEMENT LUFT und werden wiederum von Wächterbäumen empfangen. Die Energie jenes eng umschlungenen Buchenpaares begleitet uns nun durch den folgenden mystischen Hohlweg.

Station 6: Sonnenaufgang am Gipfel. Station 7: die Liebenden II.

Nebelgeister über dem Wolfgangsee und über der Drachenwand.

! *Wir halten inne, schnaufen durch und nehmen den See - tief unter uns - wahr.*

Station 5: Die Drachenwurzel

Mitten im ansteigenden Hohlweg im Wald werden wir zum ersten Mal mit der Drachenenergie konfrontiert: die Drachenwurzel. Drachen sind Hüter der Weisheit und der Liebe. Sie stehen für Stabilität, Kraft und Verstand, sein Element ist Holz (Wurzel), seine Farbe grün, seine Jahreszeit der Frühling (Ostara).

Sie verkörpern die Erdenergie – also Mutter Erde (ELEMENT ERDE) – und sind zutiefst weibliche Wesenheiten, zugleich stehen sie für die reinste Kraft des Feuers (ELEMENT FEUER)
und an diesem Ort – kurz vor dem heiligen Gipfel – Vorboten des Sonnenfeuers.

Station 6: Der Falkenstein-Gipfel

Erst auf den letzten Metern steigen wir hinaus in das luftige Gipfelareal (ELEMENT LUFT): unter uns der stille Wolfgangsee oder – je nach Wetterlage – oft auch ein Nebelmeer und die unsichtbare aber spürbare Drachenwand.

Der Falkenstein – ein Berg der Muttergottheit (Namensbedeutung „FALKE“: lat. 'falco‘ = der Sichelträger, benennt den der Frija – einer nordischen Göttin – zugeordneten Greifvogel. Der Sichelträger ist ein Verweis auf die Mondgöttin. Der Name FALKE verweist somit auf ein Heiligtum).

D'Sonn' is aufganga - mei is des schee
Mia woin no bleibn und no lang net geh'
//hey ho, hey ho, hey ho, hey ho
So is Leb'n und mia leb'n es so
*So is Leb'n und mia liab'n es so //***

„So is' Leb'n“ - ein Lied von mir auf der CD Zauberklang von den Native Folks

Während sich Großmutter Mond nun von uns verabschiedet, warten wir auf das Erscheinen von Großvater Sonne (ELEMENT FEUER): Meditierend, trommelnd, sinnierend, ritualisierend oder singend.

Wann, wie und wo sich die wahrhaftigen Falken uns zeigen, bleibt – wie jedes Jahr – eine Überraschung.

! ***Bei den wenige Meter westlich vom Gipfel liegenden Felsen sind Schalen erkennbar, die auch heute noch zu rituellen Zwecken genutzt werden können, z.B. für flüssige Opfergaben.***

Naturaltar am Gipfel.

Station 7: Die Liebenden II

Wir verlassen das heilige Gipfel-Areal – das ELEMENT LUFT – und werden in der erreichten Senke wieder von Wächterbäumen verabschiedet. Die Energie jenes zweiten eng umschlungenen Buchenpaares begleitet uns nun durch den folgenden Auf- und Abstieg.

Station 8: Die Heilquelle

Nach dem Überschreiten des uralten alpinen Kultplatzes mit seinen Schalensteinen und Opferplätzen steigen wir ostwärts ab – der aufgehenden Sonne entgegen und vorbei an dem zweiten Baumwächterpaar.
Wir erreichen das heilige Falkensteintal mit seiner Heilquelle in der Kapelle und schöpfen aus dem wertvollen Urquell – dem ELEMENT WASSER – um Heilung zu erfahren oder Kraft zu tanken.

Station 9: Die Höhle

In der Wolfgangskapelle, der Kirche am Falkenstein 'kommen wir an' – entzünden Kerzen, Trommeln und Räuchern – reinigen uns.
Der Höhepunkt des Sonnenfestes: wir zelebrieren den Jahrtausende alten Durchkriechbrauch in der Höhle – im Bauch von Mutter Erde – im ELEMENT ERDE.
Zum Schluss lädt uns die Wunschglocke in der Kirche zum Ausprobieren ein.

! ***Einmal kräftig ziehen - dann muss sie drei mal läuten - und es geht ein Wunsch in Erfüllung.***

Station 8: die Heilquelle: und Station 10: der Opfersteinhaufen.

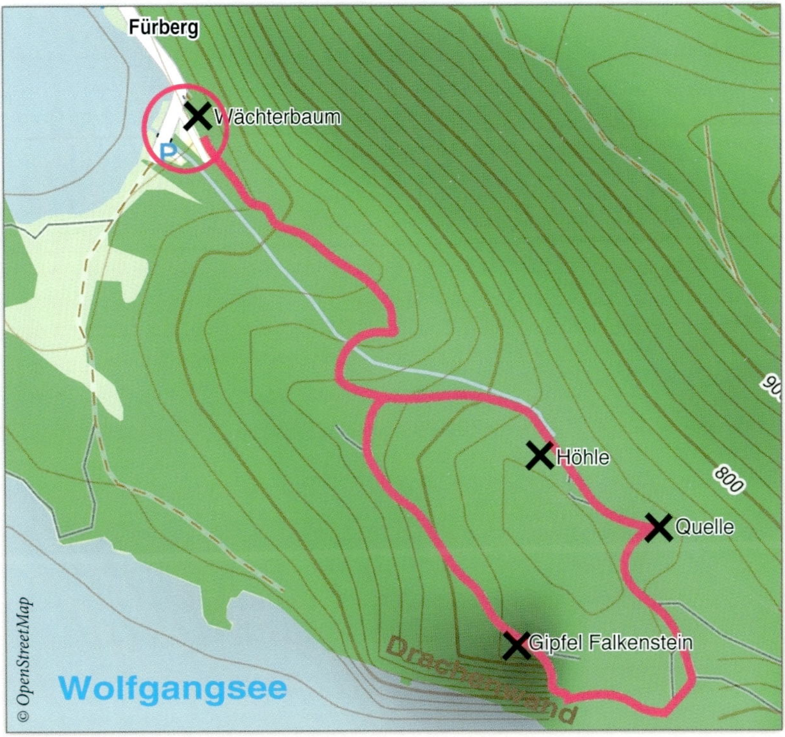

Station 10: Der Opfersteinhaufen

Nicht nur in der Mongolei oder in Tibet findet man solche Steinhaufen – auch in unserem Kulturraum hat es sie gegeben bzw. gibt es sie immer noch – wie hier an unserem Abstieg vom Falkenstein. Wer einen Stein vom Seeufer mit herauf gebracht hat, kann ihn nun an diesem imposanten Opfersteinhaufen ablegen – und damit dem großen Geist danken für das Erlebte und Erfahrene – oder sich Glück und Gesundheit erbeten – oder für eine letzte Wunscherfüllung bitten.

Am lichten Seeufer endet unser Rundweg im Laufe des Vormittags, dort wo er in der Dunkelheit begonnen hat.

Ausgangsort	Seeparkplatz Fürberg (im Sommer gebührenpflichtig)
Rundweg	2½ Stunden
Gelände	mittelschwierig, da sehr steiler Auf- und Abstieg am Hauptpilgerweg
Gasthaus	Gasthof Fürberg, 50 m westlich vom Seeparkplatz
Sagen	Das Ochsenkreuz, Das Hochzeitskreuz im Arbersee, Die Buchenmännchen vom Wolfgangsee, Wenn die Drud umgeht

Muntigl

:: Kleiner Hügel – Großer Geist ::

Muntigl („monticulus" römisch = kleiner Berg) ist ein kleiner Hügel (454 m) und ein Dorf (Ortsteil der Gemeinde Bergheim), der nordwestlich von Bergheim an der Lamprechtshausener Straße (von Salzburg nach Braunau) liegt. Das Dorf besteht aus sieben Bauernhäusern. Der westlich vom Dorf gelegene Hügel erscheint zunächst bedeutungslos, allerdings soll sich dort früher eine Burg befunden haben. Auch wurde der Hügel als ein *Hünengrab* ('hiune' mittelhochdeutsch = Riese) bezeichnet. Besteht hier vielleicht ein mythologischer Zusammenhang zum Riesen Abfalter vom Untersberg, der durch seine Aktivitäten u.a. auch den Muntigler Hügel erschuf - und hier sein 'Totenbett' fand?

Ein Kultbaum am Gipfel.

Am Gipfelplateau, welches weglos über die Wiesen zu erreichen ist, steht eine große Linde und daneben ein Marterl und eine Ruhebank - ein Platz zur Andacht und Einkehr. Es gibt Vermutungen über einen Hohlraum unter dem Plateau. Heimatforscher Franz Jantsch weist auf die starke Erdstrahlung hin und Franz Spilka auf die Bedeutung zur Sonnenortung (Ortungsdreieck 'Nockstein - Goiser Hügel - Muntigl', der Salzburger Hochthron ist dabei der Mittagsberg). Die Alleinlage mit der Rundumsicht hebt ihn in diesem Zusammenhang als Kultort hervor. Archäologische Funde aus der mittleren Steinzeit belegen hier eine Höhensiedlung.

Ausgangsort	Muntigl - Gemeinde Bergheim
Hinweg	10 Minuten zum Gipfelplateau
Rundweg	der Hügel kann am Hügelfuß, teilweise am Waldrand weglos umrundet werden
Gelände	unschwierig / ganzjährig

Gipfel
Muntigl
© OpenStreetMap

Der Plainberg

:: Ein Wallfahrtsort, ein Berg, seine Kraftbäume und seine vergessene Heilquelle ::

Der **Plainberg** (549 m) liegt wenige Kilometer nördlich von Salzburg im Gemeindegebiet von Bergheim und bildet mit dem Kalvarienberg, den Kapellen, den ehemaligen Klosterbauten und der Hauptkirche ein großes christliches Kultareal, welches über die Zeiten bis heute stark besucht wird. Die Wallfahrtskirche gilt auch heute noch als bedeutendster Wallfahrtsort des Landes Salzburg. Zudem hat sich der heilige Berg - ein Landschaftsschutzgebiet - zu einem Naherholungsraum und Ausflugsziel für Einheimische und Touristen entwickelt. Der Name Plain leitet sich aus dem Lateinischen (plagina = kleiner Abhang) ab. Als Motiv für die Namensgebung ist die weit ausladende, im Westen weitgehend baumlose Südseite des Bergs anzusehen. Der Berg wurde schon in der Jungsteinzeit besiedelt, wie entsprechende Funde aus der Gegend belegen.

Das Wasser, welches du hier schöpfest,
löschet den Durst nur kurze Zeit,
welches aber ich dir gebe,
löschet ihn in Ewigkeit.

(Einstige Inschrift am Jakobsbründl.)

Ein Kraftort: Linde vor der Kirche Maria Plain am Plainberg.

Die heutige kulturhistorische und auch spirituelle Bedeutung des heiligen Plainbergs wird durch die vorbeiführenden Weitwanderwege Rupertiweg und Arnoweg sowie den Salzburger Abschnitt des österreichischen Jakobswegs sowie durch die jährlichen Wallfahrten unterstrichen.
Wir fahren bis zum großen Parkplatz auf Höhe des Gasthofes Maria Plain, wo auch die Ursprungskapelle steht. Über die christliche Geschichte geben Informationstafeln Auskunft. Die vorchristlichen Ursprünge jenes Kraftortes liegen im Verborgenen und lassen sich durch die einmalige Höhenlage, eine Quelle und besondere Bäume wiederfinden.

Heute vergessen: Heilquelle Jakobsbründl.

Wir gehen zunächst an das Nordostende des Parkplatzes, wo ein steiler Holztreppenweg - „Plainstiege" (im Winter gesperrt !) - hinunter nach Lengfeld führt. Nach ca. 50 m erreichen wir das **Jakobsbründl** - ein sogenanntes Gnadenbründl (eine Gnade Gottes) - das als Augenbründl bekannt war, aber als Heilquelle auch für andere Leiden aufgesucht wurde. Natürlich weist uns wieder mal eine christliche Legende auf die „Entstehungsgeschichte" dieses Quellwassers hin.
Früher existierte hier eine steinerne Bildsäule (Jesus am Jakobsbrunnen mit Inschrift - siehe Kästchen oben), heute steht ein schlichter Holzbildstock mit einer Abbildung des Gnadenbildes Maria Plain über der Quelle.
Früher sollen auch unzählige Votivbilder an den Bäumen die Heilungen belegt haben. Heute ist diese heilige Quelle vergessen.

! ***Auch vergessene (Heil-)Quellen können nach wie vor uns noch ihre besondere Kraft schenken. Eine Einkehr an diesem Ort, ein Gebet, ein kleines Geschenk - und ein Schluck aus dem Brunnen kann Wunder wirken.***

Zurück am Parkplatz gehen wir nun doch noch hinauf in das Kultareal der Wallfahrtskirche. Die ursprüngliche Kraft hat sich allerdings nicht in dem barocken Prunkbau erhalten, sondern in den Bäumen rundherum. Die große **Linde vor der Kirche** wurde bereits zum Naturdenkmal erklärt. Eine hölzerne Ruhebank ist rund um den Kraftbaum angelegt und lädt zum Verweilen ein. Zusammen mit dem grandiosen Panoramablick erfahren wir einen Naturkraftort, der uns energetisiert und zur Ruhe kommen lässt. Auch die

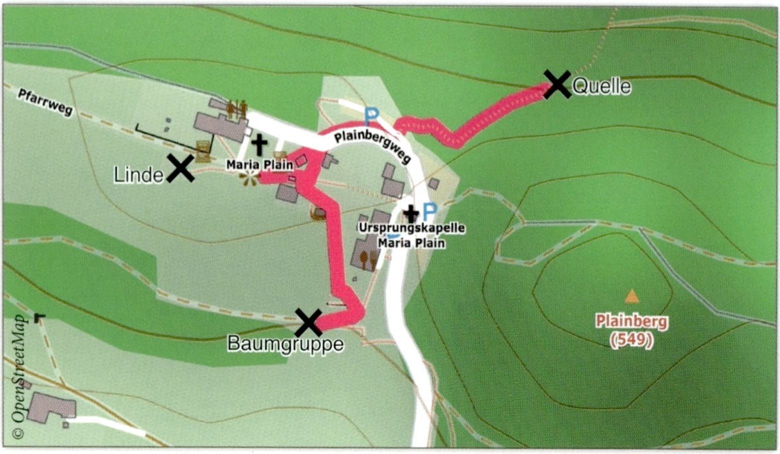

Bäume im ehemaligen und nur wenige Meter entfernten Klostergarten sprechen die Sprache der hohen Erdenergien, denn an ihnen wachsen zahllose **Misteln**, die nach den Kelten der weißen Göttin geweiht waren.
Dazu schreibt Plinius der Ältere:
Denn nichts ist den Druiden - so nennen sie ihre Magier - heiliger als die Mistel und der Baum, auf dem sie wächst. (...) Sie meinen wahrhaftig, dass alles, was auf jenen Bäumen wächst, vom Himmel gesandt und ein Zeichen des von Gott selbst erwählten Baumes sei. (...) Sie glauben, dass durch einen Trunk davon jedem unfruchtbaren Lebewesen Fruchtbarkeit verliehen werde und dass es ein Heilmittel gegen alle Gifte sei.

! ***Um den Ort in Ruhe genießen und erleben zu können, sollte man/frau ihn am besten frühmorgens besuchen. Auch ein Sonnenuntergang mag von hier wahrhaft erhebend sein.***

Um die weiteren Kraftbäume Maria Plains zu sehen, steigen wir nun noch über den Kreuzweg bis zu seinem Beginn ab und erreichen ein weiteres Naturdenkmal, die Baumgruppe Maria Plain. Sie besteht aus zwei Linden und fünf Eichen sowie einem Bildstock und einem kleinen Teich.

Ausgangsort	Maria Plain - Parkplatz
Hinweg	vom Parkplatz zum Jakobsbründl 5 Minuten vom Parkplatz zur Kirchenlinde o. Baumgruppe je 10 Min.
Gelände	unschwierig / ganzjährig
Gasthaus	Gasthof Maria Plain
Sagen	Das wundertätige Gnadenbild von Maria Plain, Jakobsbründllegende (Salzburger Bauernkalender von 1928)

Der Gaisberg

:: Spuren einer vergangenen Zeit am Gipfel ::

Der **Gaisberg** (1287 m) ist einer der Hausberge Salzburgs und ein Ausläufer der Osterhorngruppe. Er ist ein beliebtes Naherholungsgebiet. Auf der Trasse der früheren Zahnradbahn entstand 1929 die Gaisbergstraße. Die Klöster St. Peter und Nonnberg besaßen hier Weiderechte für ihre Geißen.
Eine andere Namensherkunft wird allerdings aus dem Keltischen 'gais' für heilig und tabu abgeleitet.
Die Westflanke bildet den Salzburger Landschaftsraum und den Stadtteil *Gaisberg*, der in den Siedlungsraum der Stadt Salzburg zwischen den Stadtteilen Parsch und Gnigl hineinragende Ausläufer des Gaisberges ist der *Kühberg*. Der nordöstlich gelegene Ausläufer ist der *Nockstein* und der südliche der *Rauchenbühel*.
Die Namen *'gais'* und *'küh'* (siehe dazu auch der Kühstein, S. 96) sowie *Rauchenbühel* (ein Signalberg) und die Lage des *Nocksteins* (ein Zeigerberg zur

Gaisberg im Sonnenuntergang.

Sonnenortung) sind historisch und geomantisch bemerkenswert. Ebenso wie ein auf der Ostseite entspringender Weißbach (siehe zur Schwarz-Weiß-Symbolik, S. 114) und eine Höhle namens *Frauenloch (Wildfrauensage)* im südlichen Gipfelgratbereich. Im Salzburger Höhlenbuch ist am Grund des Einstiegsschachtes eine 'roh gezimmerte' Feuerstelle vermerkt, die auf Wilderer zurückgeführt wird. Oder waren es dann doch die Wildfrauen?
Jedenfalls ist die Höhle - wohl als Rückzugsort - altbekannt. Im Volk erzählt man/frau sich noch heute von der Percht, die dort wohnt und böse Kinder holt. Die Höhle ist im Gegensatz zum Gipfel ein Tabuort geblieben. Aufgrund des schwierigen Einstiegs gebe ich hierzu keine weitere Zugangsbeschreibung.
Ein Schlüssel zur Bedeutung dieses Berges ist wieder einmal in der Sagenwelt zu finden. Der **Riese Abfalter** und die **Wildfrauen** sind dabei die Hauptakteure.

Ein geheimnisvoller Menhir am Südende des Gipfelplateaus.

In der Langfassung der Abfalter-Sage (Franz Otto: Unter Kobolden und Unholden - Otto Spamer Verlag, Berlin 1882, S. 71 ff.) heißt es:

- *'nirgends waren* ***die*** *Riesen so daheim wie im* ***Untersterg****...'* *(Hervorhebung d. d. Autor)*
- *'um die elfte Stund'*... verließen sie in der Nacht den Berg *(= Untersberg, der Autor)*
- *'die Riesen stehen und blicken unverwandt gen Osten, bis der erste Strahl...'*
  (=Standort Hochplateau Untersberg – also Richtung Gaisberg, der Autor)
- Abfalter stieg immer wieder auf den dem Untersberg gegenüberliegenden Gaisberg *'...das sehnende Antlitz gen Osten gerichtet'*
- dann ein ganzer Abschnitt, wie wichtig dem Riesen **das Sehen der Sonne** ist!
- am Gaisberg sollen noch heute **Fuß-Abdrücke** des Riesen zu sehen sein.

Laut Überlieferung war ihnen die Beobachtung der Sonne sehr wichtig - insbesondere der Sonnenaufgang.

Schale am Gipfelkreuz des Gaisberges.

Auch der Hinweis auf eine Vertiefung im Fels auf dem Gaisberg sollte dabei beachtet werden. Die Schalensteine am Gaisberg wurden durch den Theologen und Heimatforscher *Dr. Franz Jantsch* bekannt. Aber gibt es noch weitere, großflächige Vertiefungen? Ist nicht in diesem Zusammenhang schon die abgeflachte Spitze des kegelförmigen Gaisbergs interessant?
Der Gaisberg scheint ein wichtiger Sonnenortungspunkt zu sein, wie bereits Heimatforscher Franz Spilka (1922 - 1997) aus St. Georgen im Attergau ausführte (Franz Spilka: Rätsel der Heimat, Eigenverlag).
Dr. Franz Jantsch - sieht einen vorzeitlichen, mystisch-kultischen Zusammenhang von Gaisberg und Untersberg, zu dem er auch die beiden Schalensteine am Gipfel zählt:
Andere untrügliche Zeichen sind zwei Schalen auf dem Gipfel. An der höchsten Stelle, in der Nähe des Gipfelzeichens, einer neu aufgestellten Steinsäule, ist ein Schälchen in den Fels gebohrt, das etwa 4 cm tief ist und 4 cm Durchmesser hat und zweifellos uralt ist. Der Stein ist dort nicht zerbröckelt, sondern fest und die Bohrung gleicht ähnlichen an vielen anderen Kultstätten. An Ursprung und Zweck kann nicht gezweifelt werden.

Etwa 15 m (50 m - der Autor) *östlich, ein wenig tiefer, ist eine sehr schöne, etwa vier Meter lange und ebenso breite Felsplatte, die nach Norden in einem Absturz endet. Etwas unterhalb ist eine von Menschenhand geschaffene Schale mit etwa 25 cm Durchmesser und 10 cm Tiefe. Das war die Opferstätte, hier hat man geopfert. Wenn unter dem Felsabsturz gegraben würde, müsste man Reste der Opfer, seien es Knochen oder Keramik, finden. Die Strahlung an beiden Stellen ist stark.*
Quelle: Franz Jantsch - Kultplätze im Land Oberösterreich & Salzburg, Verlag Freya, Unterweitersdorf 1994, 179 ff.

Ich entdeckte eine weitere Besonderheit im Fels, wenige Meter östlich der großen Schale findet sich am Ende der Felsplatte eine viereckige, offensicht-

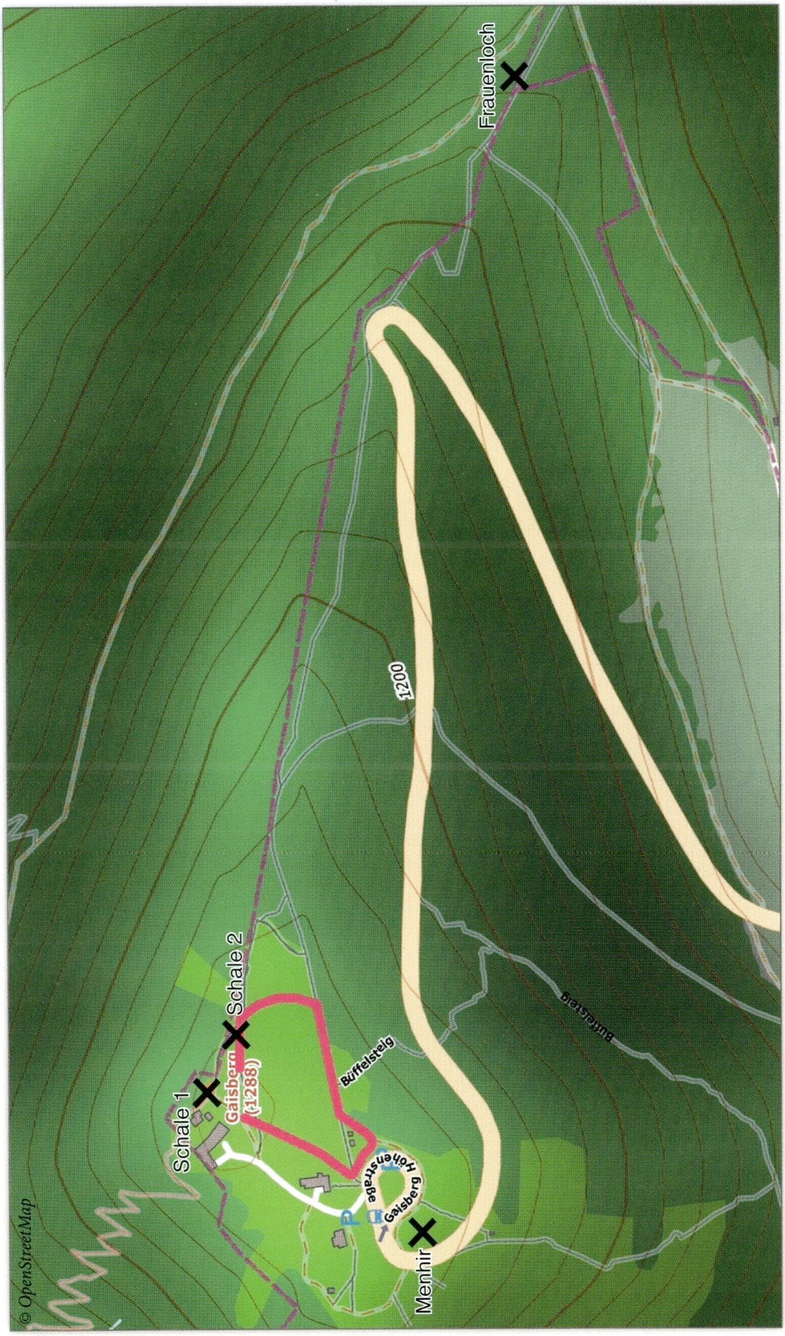
Frauenloch
Schale 2
Schale 1
Gaisberg (1'288)
Büffelsteig
1200
Gaisberg Höhenstraße
Menhir
© OpenStreetMap

Gipfelkreuz und Steinsäule - ein einstiger Kultplatz.

lich künstlich geschaffene Ausbuchtung. Ein Altar Richtung Sonnenaufgang? Schale 1 (klein), 2 (groß) und der vermeintliche Altar liegen jedenfalls in Ostausrichtung.
Genau hier am Gipfel mit seiner grandiosen Rundumsicht ist also das eigentliche Kraft- und Kultzentrum, das vermutlich einst den Druiden oder PriesterInnen (Wildfrauen) vorbehalten war, während zu Füßen des Gaisbergs am Kühberg das Volk seinem (Sonnen-) Kult nachkam.
Insbesondere die Zeiten zum Sonnenauf- und -untergang sowie zu den Sonnenwenden sind die energetisch stärksten an diesem Ort.
Jener einstige Tabuberg wird aber heute von der riesigen TV-Senderanlage, vom Autotourismus und von den zahlreichen Freizeitsportlern (Paragleiter, Drachenflieger, Mountainbiker, Skitourengeher, Skilangläufer, Bergsteiger) ganzjährig beeinträchtigt. Revitalisierungsmaßnahmen durch Orgonit (Hoch und heilig, Verlag Plenk, Berchtesgaden 2013, S. 39 ff.) zeigen erste spürbare Erfolge.
Weitere Erdheilungsaktivitäten sind jedoch noch unbedingt notwendig!

Ausgangsort	Gaisberg - Parkplatz am Ende der Gaisbergstraße
Hinweg	10 Minuten vom Parkplatz zum Gipfel
Rundweg	Gipfelrundweg 20 Minuten (beschildert vom Parkplatz)
Gelände	unschwierig / ganzjährig
Gasthaus	Kohlmayr's Gaisbergspitz, Wirtschaft am Spitz (Gipfelnähe)
Sage	Der Riese Abfalter

Der Mönchsberg – ein Salzburger Stadtberg

:: Kult und Naturkraft inmitten der Stadt ::

Intention dieses Führers ist das Heranführen des Interessierten an die spirituellen Wurzeln seiner Heimat, zu den Kräften der Erde, der Elemente und der Naturwesenheiten. Die Urbanisierung eines einstigen Kraft- und Kultzentrums hat die ursprünglichen Energien entscheidend verändert, sie zurückgedrängt oder gar negiert. Sonnen- oder Frauenkulte wie sie nach dem Keltenexperten Dr. Georg Rohrecker im Bezirk St. Peter einst existiert haben sollen, sind heute nicht mehr nachspürbar oder gar praktizierbar. Dafür sorgt der Massentourismus in Salzburgs Altstadt, dafür sorgen die christlich überbauten und getauften Kultplätze, die teilweise nur zu bestimmten Öffnungszeiten oder nur gegen Gebühr begehbar sind, wie zum Beispiel die Felsenhöhlen im Mönchsberg (fälschlicherweise als Katakomben bezeichnet):

Oben die Richterhöhe: Aussichtsort am Weinberg und unten die Stupa: ein Energiekraftwerk.

Doch gerade die Stadtberge ermöglichen noch Naturnähe, die man/frau im Zentrum einer Großstadt kaum vermutet. Lassen wir also die Kultorte der Untersbergmandl wie den Salzburger Dom oder die Maxglaner Kirche im Dunst des Straßenverkehrs und der touristischen Umtriebe unter uns und steigen wir 'eine Etage' höher.

Einer dieser Stadtberge ist der **Mönchsberg**, der zudem ein Landschaftsschutzgebiet ist mit seiner höchsten Erhebung, der Richterhöhe (508 m). Seinen Namen bekam er u.a. vom zu seinen Füßen gelegenen Bene-

Blick vom Kapuzinerberg auf die Steingasse, gegenüber der Salzburger Dom.

diktinerkloster St. Peter. Er zieht sich auf einer Länge von etwa 1,2 km vom Festungsberg in nördlicher Richtung entlang des linken Salzachufers bis nach Mülln. Dieser Plateauberg mit seinen zahlreichen Aussichtsplätzen ist ein beliebter Naherholungsraum und Touristenziel. Viele Wehranlagen und -türme prägen den Mönchsberg bis heute noch. Er ist eine Art Naturtempel mitten in der Stadt.

Am Mönchsberg finden sich heute zwei besondere Kraftplätze - einer davon auch ein Kultplatz, eine aus Granit erbaute, buddhistische **Stupa**.
Wir steigen dazu vom Osten über den Toskaninihof und die Clemens-Holzmeister-Stiege (Festspielhausstiege) hinauf und erreichen nach 20 Minuten an einem malerischen Platz direkt hinter dem 'Buffet am Mönchsberg' dieses 'Energiekraftwerk', das dort 2011 von Lama Sherab Gyaltsen Rinpoche geweiht wurde. Von hier aus blicken wir auf den Kapuzinerberg, den Gaisberg und den Festungsberg.
Eine Stupa ist ein archetypisches Symbol für den voll verwirklichten Geist.
Waren Stupas früher nur in buddhistischen Ländern zu finden, so werden sie heutzutage auf der ganzen Welt errichtet, um allen Lebewesen Glück, Freiheit, Harmonie und Frieden zu bringen.
Sowohl durch ihre Form als auch durch die im Inneren bewahrten 'Juwelen' arbeitet eine Stupa auf bewussten und unterbewussten Ebenen zum Besten aller Wesen.
Stupas sind Energiekraftwerke, dazu geschaffen, den Menschen zu seiner inneren Kraft zu führen und seine positiven Qualitäten zu aktivieren.
Eine Stupa ist kein Denkmal für den Buddhismus.
Sie ist ein Symbol für die Freiheit und das Potential des Geistes.
Stupas werden nach alter Überlieferung konstruiert und mit tausenden gesegneten Gegenständen in einem genau festgelegten Prozess gefüllt.
Das Zentrum einer Stupa bildet der sog. Lebensbaum, der aufrecht in der Mitte einer Stupa steht.
Rund herum wird nach genauer Anleitung die Füllung angeordnet. Diese besteht aus zahlreichen Buddhaformen aus Gips (Tsa Tsas), Mantrarollen sowie kostbaren Bestandteilen wie Statuen, buddhistischen Texten und Reliquien.

Stupa
Mönchsberg Süd (503 m)
Karolinenhöhe (508)
Richterhöhe (505 m)
Dr.-Ludwig-Prähauser-Weg
Dr.-Herbert-Klein-Weg
Getreidegasse
Universitätsplatz
Kollegienkirche
Franziskanergasse
Stiftskirche St. Peter
Petersfriedhof
Sigmundstor (Neutor)
Hildmannplatz
Mönchsberg
Parkgarage Zugang
Max-Reinhardt-Platz
Hofstallgasse
Sacellum
St.Blasiuskirche
Toskanatrakt
Franziskaner Kirche
Paris Lodron Universität
Siegmund-Haffner-Gasse
Bucklreuthstraße
Oskar-Kokoschka
Hans-Sedlmayr-Weg
Brunnhausgasse
© OpenStreetMap

All diese Gegenstände werden, begleitet von speziellen Ritualen, vom Lama in die Stupa gegeben, die in einer feierlichen abschließenden Zeremonie verschlossen und eingeweiht wird. Ab diesem Zeitpunkt 'arbeitet' die Stupa und ihr Kraftfeld zum Wohle aller. Quelle: http://www.stupa-salzburg.at

Nach einem Energieauftanken durch Umrundung der Stupa im Uhrzeigersinn, durch Meditation oder Gebet (Ruhebänke im Umfeld) spazieren wir weiter und folgen der Beschilderung in wenigen Minuten zur südlich gelegenen Richterhöhe.
Die **Richterhöhe** als eine vorspringende Bergkuppe ist mit 508 m die höchste Erhebung am Südostrand des Mönchsberges. Sie ist heute ein als Aussichtsort genutzter Teil der mittelalterlichen (13. Jh.) Wehranlagen des Bergs. Der einmalige Panoramablick lässt uns vom Schloss Leopoldskron auf das ganze Salzburger Becken bis zu den Bergen der Osterhorngruppe, des Tennengebirges, dem Untersberg und dem Hochstaufen blicken. Auch hier laden wieder Ruhebänke zum Durchschnaufen und zur Einkehr ein.

! *Insbesondere in den frühen Morgen- oder Abendstunden lassen sich hier stille Momente genießen. Ein magischer Ort für eine Vollmondmeditation!*
Die durchgehend asphaltierten Wege sind beleuchtet und daher auch am Abend oder in der Nacht begehbar.

Im Laufe der letzten Jahrzehnte wurde dieser Platz für Veranstaltungen genutzt, der den Mythos eines alten Hinrichtungsplatzes besitzt. Jedoch deutet eine alte Weinbautradition in diesem Gebiet, die heute von den Salzburger Pfadfindern wiederbelebt wird, eher auf ihre besondere, auch fruchtbare Lage hin, die zudem steinzeitliches Siedlungsgebiet gewesen ist.

Ausgangsort	Salzburger Toskaninihof (Platz in der Salzburger Altstadt / Parken in der Mönchsberggarage)
Rundweg	verschiedene Arten möglich, siehe Beschilderungen am Berg
Gelände	unschwierig / ganzjährig
Gasthaus	Buffet am Mönchsberg (lauschiger, uriger Platz) oder Stadtalm (Panorama auf Altstadt und Gaisberg)
Sagen	Der Mönchsberg bei Salzburg, Von Juvavia (beide Jazzybee Verlag J. Beck)

Der Kapuzinerberg – noch ein Salzburger Stadtberg

:: Buchen sollst du suchen ... ::

Der Wald am **Kapuzinerberg** (640 m), einem der Salzburger Stadtberge, östlich der Salzach und gegenüber des Mönchsbergs und Festungsbergs, wird von Buchen dominiert, die schon bei den Germanen geweihte Bäume waren und als Glücksbringer galten. Sie wurden als Verkünder des göttlichen Willens respektiert und offenbarten Verborgenes und Jenseitiges.
Ein Weg der Besinnung und Einkehr führt uns daher aus dem Trubel der Salzburger Altstadt hinauf in das stille Reich der Buchen.
Wir beginnen unseren Weg in der Linzer Gasse (Hausnummer 14), durchschreiten die Franziskuspforte und steigen sofort steil bergan. Ein Kreuzweg symbolisiert den christlichen Kult, der dann beim Kapuzinerkloster seinen Höhepunkt erfährt. 13, von den Kapuzinern initiierte Kapellen, sind an diesem Kalvarienberg zu finden. Schon die Kelten siedelten hier und die Siedlungsspuren gehen bis in die Jungsteinzeit zurück.

Die ursprüngliche Kraft jenes Stadtberges - der grünen Lunge der Stadt - steckt jedoch in den mächtigen Baumwesen - dem *Buchenhain*. In den Morgen- und frühen Abendstunden öffnet sich diese Anderswelt. Das milde Dämmerlicht zwischen den markanten grauen Buchensäulen und das Rauschen der Blättertempel berühren unser Unterbewusstsein und erinnern uns an etwas weit Zurückliegendes - an die vorgeburtliche Geborgenheit im Schoße der Mutter. Buchen waren die Runenbäume der keltischen Priester,

Das Franziskischlössl am Gipfel des Kapuzinerbergs und viele Plätze der Ruhe im Buchenhain.

Aufgang Linzer Gasse 14 zum Kapuzinerberg.

der Druiden - in ihnen steckte Weisheit, Wissen, Geborgenheit und Regeneration.
Die Klangwelt der Natur wird intensiver, je höher wir steigen, je mehr wir die Stadt unter uns lassen.
Kurz nach dem Kloster bieten sich verschiedene Wege zum Gipfel an: Waldwege, Treppenwege und die schmale asphaltierte Zufahrtsstraße - *der Stefan-Zweig-Weg*. Selbst über alpine Steige lässt sich der Kapuzinerberg erreichen. Warnschilder weisen auf deren Gefahren hin.
Der steile Basteiweg führt entlang der Wehrmauern im Süden und Osten.
Der Gipfel des Kapuzinerbergs belohnt nicht nur mit einer tollen Aussicht über Salzburg, sondern auch mit einem zauberhaften Schloss - das Franziskischlössl, das ein uriges Gasthaus und das Internetkloster von Dr. Alexander Dill beherbergt.
Der Kapuzinerberg - ein wahrhafter Rückzugsort für Stadtflüchtige und Stadtgestresste.

Ausgangsort	Salzburg, Linzer Gasse 14
Hinweg	45 bis 60 Min. je nach Wegwahl, 90 Min. über den Basteiweg
Rundweg	möglich (z.B. Aufstieg zum Franziskischlössl über Basteiweg und Abstieg über Stefan-Zweig-Weg ca. 120 Minuten)
Gelände	unschwierig bis mittelschwierig = Basteiweg teilweise schmal, steil und überwachsen Der Kapuzinerberg ist über die Imbergstiege von der Steingasse aus, von der Franziskuspforte in der Linzer Gasse oder von einem Fußpfad hinter dem Einkaufszentrum 'Zentrum im Berg' (ZiB) an der Fürbergstraße aus ('Doblerweg'), erreichbar.
Gasthaus	Franziskischlössl
Sage	Das St. Johanneskirchlein am Kapuzinerberg (K. Rolfuß)

Franziskischlössl
Quelle
Kloster
Stefan-Zweig-Weg
Basteiweg entlang der Wehrmauer
Basteiwegabzweig
Basteiweg Wehrmauer
Steingasse
Imbergstraße
Imbergstiege
Linzergasse
Glockengasse
Zahnärztliches Notdienstzentrum
Franz-Josef-Straße
Vierthalerstraße
Paris-Lodron-Str.
Polytechnikum
Bruderhof
Sebastianskirche
600
640
500
© OpenStreetMap

Der Goiser Hügel
:: Von Riesen, Zwergen und Heiden ::

Von der Walserberg Bundesstraße biegen wir südlich in den Ederweg Richtung Gois ab und fahren bis zum Goiser Kirchplatz. Die Namen Gols und Gois kommen vom lateinischen collis = Hügel. Eine andere Namenserklärung stammt vom keltischen Wort gois (siehe auch der Gaisberg S. 53), das heilig bedeutet.

Der unscheinbare Goiser-Erdstall-Hügel. Blick aus der Jakobskirche.

Der **Goiser Hügel** erscheint zunächst wenig spektakulär, doch er hat es - im wahrsten Sinne des Wortes - in sich. Dort befindet sich ein geheimnisvoller Erdstall, dort will der Heimatforscher Franz Spilka eine Art Sonnenobservatorium erkennen und ein Riese des Unterbergs namens Abfalter soll ihn erschaffen haben:
Vor mehreren hundert Jahren hauste auch der Riese Abfalter auf dem Untersberge. Noch sieht man einen großen Felsgraben auf dem Rücken des Berges, der ihm zum Lager diente. Die Hügel von Wals, Liefering und Maxglan sowie die kleinen Erhebungen ('Golferhügel') da und dort, auf denen meistens Kirchen stehen, sollen von den Steinen herrühren, die er bisweilen zum Zeitvertreib herab warf.

Schon in der Langfassung der Abfaltersage (siehe dazu auch Gaisberg, S. 55 und Mittagsscharte S. 106) wird deutlich, dass die Untersbergriesen ein besonderes Verhältnis zur Sonne hatten. Hatten sie einst die Untersbergmonumente Mittagsscharte und die Hügel zu ihren Füßen als überdimensionalen Kalender und Sonnenwarte sowie Bergspitzenkalender (u.a. der Mitterberg als Mittagsberg von Gois aus gesehen) geschaffen?
Nicht zuletzt liegt der Hügel mitten im legendären **Walserfeld** und auf ihm steht eine (Jakobs-) Kirche. Auf vielen alten Kultplätzen wurden schließlich christliche Sakralbauten errichtet.
Schon Franz Spilka sieht im Goiser Hügel einen potentiellen Kultplatz der Muttergöttin, der dafür künstlich aufgeschüttet wurde. Im Mittelalter soll hier auch ein Wehrturm gestanden sein, aus dessen Material später einige Goiser Bauernhöfe erbaut wurden.

Im Walser Heimatbuch ist zu lesen:
In grauer Vorzeit wurden auf dem Goiser Hügel heidnische Feste gefeiert. (…)

Und der **Erdstall**? Franz Jantsch hat dort noch 1994 zwei Einstiege in einen sogenannten Erdstall vorgefunden und in seinem Buch (Kultplätze im Land Oberösterreich und Salzburg) auch gezeichnet. Er vermutet aufgrund der starken, von ihm wahrgenommenen Erdstrahlung und dem Aussehen des Platzes einen uralten Kultplatz.
Erdstall, gemeint ist damit eine 'Stätte unter der Erde', ein nicht gemauertes, unterirdisches Gangsystem, dessen Bedeutung - ähnlich wie die sogenannten Keltenschanzen - nicht eindeutig feststellbar ist. Sie sollen als Kult- oder Zufluchtsstätte im Hochmittelalter - also vor 800 bis 100 Jahren - gebaut und genutzt worden sein. Auch die Namen Schratzl- oder Zwergenloch sind bekannt und deuten auf dessen Ursprung durch Zwerge hin.
Waren hier die Untersbergmandl aktiv? War es einer ihrer Wohn- und Kultplätze, wie z.B. das Wildemandlloch in Golling in Verbindung mit dem Schatzloch am Georgenberg (S. 128):
Riesen und Zwerge - mythologische Wesen - stehen scheinbar mit jenem Hügel in Verbindung. Manches deutet tatsächlich auf einen einstigen besonderen Kultplatz hin, der schließlich durch die Jakobskirche christlich 'besetzt' wurde und somit auch heute noch ein Kultplatz ist.
War es nicht jener Kaiser Karl, der das Heidenvolk in großem Stil vernichtete. Zur Endzeitschlacht soll er wieder aus dem Untersberg kommen. Vielleicht - weil die Heiden zurückgekehrt sind?
Ein Anwohner des Goiser Hügels erklärte die vermeintlichen Erdställe als Bauwerke seiner und anderer Nachbarskinder. Die lockere Konsistenz des Untergrunds, einer gelben Sandsteinart, machte eine größere Tunnelanlage möglich, die dann von einem 'Fachmann' als Erdstall interpretiert wurde. Am Ostende des Hügels existierte auch ein Luftschutzbunker.

Gois, Goiser Hügel, Goiser Kirche und der mächtige Untersberg.

! *Günstige Besuchszeiten des Hügels können die Sonnwendzeiten sein - speziell zum Sonnenauf- und -untergang. Dann wird das einstige Flair dieses Ortes noch sichtbar und spürbar. Dann wird auch der Bergspitzenkalender in der umliegenden Bergwelt wieder lesbar.*

'Vom Goiser Hügel aus beobachtet, pendelt die aufgehende Sonne im Jahreslauf in ihrer nord-südlichen Bewegung, zwischen Esch (Ort am Rengerberg - der Autor) und Wilhelmskapelle hin und her.
Die untergehende Sonne pendelt zwischen Johannis-Kapelle (Kirche am Johannishögl – der Autor) und Rabensteinhorn (höchster Teil des Müllnerhorns - der Autor) hin und her. Also zwischen Sonnberg und Schneeberg und zwischen Hatun und Hringsheim (Spilka verweist dabei auf die germanische Himmelskunde - der Autor).
Der Tagesbogen der Sonne im Sommer beginnt bei Esch und endet am Johannishögl (Spilka vermutet dort einen Mithras(Sonnen-)kultplatz - der Autor)
Der Tagesbogen der Sonne im Winter beginnt bei der Fager Wand (Wilhelmskapelle) und endet beim Rabensteinhorn.
Esch und Rabensteinhorn, Wilhelmskapelle und Johanniskapelle liegen sich gegenüber.'

Quelle: Franz Spilka – Rätsel der Heimat, 6. Folge - 1970, Eigenverlag, S. 612

Ausgangsort	Gois Kirchplatz
Hinweg	5 Minuten (vom Goiser Kirchplatz)
Gelände	unschwierig / ganzjährig (der Gipfel des Hügels ist allerdings stark verwachsen und schwer zugänglich)
Sagen	Der Birnbaum am Walserfeld, Riese Abfalter

Der Birnbaum am Walserfeld

:: Ein Baum und sein Kaiser ::

Von Salzburg kommend fahren wir über die Innsbrucker Straße zur Walserberg Bundesstraße und biegen ca. 200 m nach der Leikermoser Tankstelle südlich in einen Feldweg (Hinweisschild 'Walser Birnbaum') ein und parken dort. Nach 100 m haben wir den **Walser Birnbaum** (Naturdenkmal) erreicht. Eine schön gestaltete Bronzetafel gibt Auskunft über den Mythos. Eine Ruhebank lädt ein zum Verweilen. In der Ferne (1 km südlich) sehen wir den Goiser Hügel (siehe S. 66).
Im Walser Heimatbuch ist zu lesen:
Beim Walser Birnbaum wurde einst das 'Ding' abgehalten (thing = germanischer Volks-/Gerichtsversammlungsort).
Belegt ist zudem seine Existenz aus der Römerzeit.

Eine Wortstammdeutung bezieht das Walserfeld auf Walasfeld (nach der germanischen Seherin Wala), auch die Interpretation des Feldes als Kriegs-

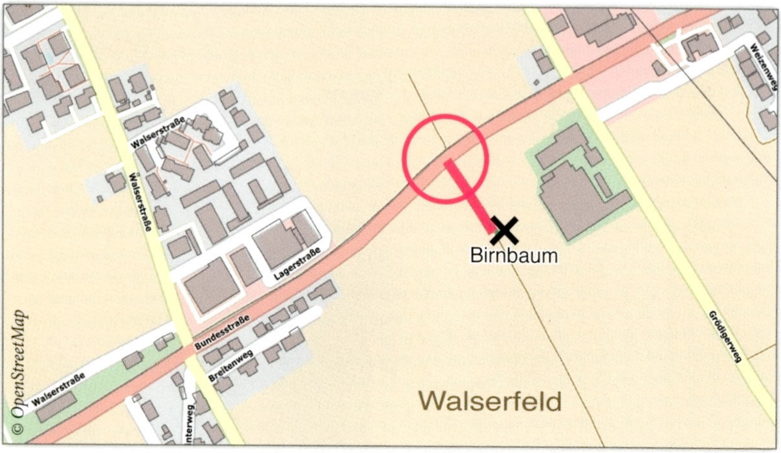

feld ist möglich. Bekannt ist 'die Schlacht auf dem Walserfeld' von 1800 zwischen französischen und kaiserlich-österreichischen Truppen mit 22000 Toten.

Hinweis am Birnbaum am Walserfeld.

Der Birnbaum ist schon lange nicht mehr der Originalbaum, er wurde jedoch immer wieder nach menschlicher oder natürlicher 'Fällung' neu gepflanzt. Der Sage nach (s.u.) schläft Kaiser Karl so lange im Untersberg, 'bis des Reiches Not am höchsten gewachsen ist und die Raben nicht mehr um den Gipfel fliegen'. Dann kommt er aus dem Berg heraus und reitet mit seinem Gefolge zum Birnbaum am Walserfeld. Dort findet dann die 'letzte Schlacht zwischen Gut und Böse' statt und der Kaiser hält unter dem Birnbaum Gericht.
Vielleicht kommt er ja eines Tages wirklich noch aus dem Untersberg - zur Endzeitschlacht!?

Ausgangsort Salzburg-Wals, Walserfeld
Gelände unschwierig / ganzjährig
Sage Der Birnbaum auf dem Walserfeld (Ludwig Bechstein, 1840)

Der Aigener Schlosspark
:: Die vergessene Heilquelle und das vergangene Paradies ::

Schloss Aigen ist ein alter Adelssitz im Süden der Stadt Salzburg. Der hinter dem Schloss befindliche **Aigener Park** entstand im 18. Jh. als Landschaftspark und ist heute ein geschützter Landschaftsteil nach dem Salzburger Naturschutzgesetz. Jener Naturpark galt einst als ein 'irdisches Paradies'- als 'Garten Eden Salzburgs' (siehe dazu auch die Widmung von Bayerns König Ludwig I. im nachfolgenden Kästchen).
Heute ist das sich zum Gaisberg ausbreitende Gelände ein Naherholungsgebiet und ein beliebtes Wanderziel. Obwohl der paradiesische Zauber der Anlage verflogen ist und Turm, Glorietten und Eremitagen verschwunden sind, so scheint heute fast wieder die Natur mit ihren bewaldeten Hängen, den Wasserfällen, Gumpen, Grotten und Höhlen entlang des Felberbachs zu regieren und den Besuchern Kraft zu schenken.
Wer sich jedoch näher mit der Geschichte und den Örtlichkeiten vertraut macht, wird eine ferne Anderswelt wiederentdecken. Starke Erdenergien sind durch hohe Boviseinheiten im ganzen Parkgelände und insbesondere bei der Bitterquelle und dem Hexenloch feststellbar.

Die Bitterquelle
Am Rand des Parks, am Ostrand der Ganslwiese (Lage siehe Übersichtskarte am Parkeingang), etwas abseits von den eigentlichen, gut frequentierten Parkwegen und direkt am Waldrand gelegen, fließt die Bitterquelle, die auf der Schautafel als 'ehemalige Bitter-

Oben die Bitterquelle - eine vergessene Heilquelle und unten das Portal zum Hexenloch: Eingang zur Anderswelt, ein Ort der Inspiration.

Wasserfall im Hexenloch: dem Wassergeist / Nix auf der Spur.

Einzig bist du holdes Aigen,
Nirgends hast du Deinesgleichen
In der unermeß'nen Welt.
Fernhin zog ich über Meere,
Sah das Herrliche und Hehre,
Was man für das Schönste hält.

Aber alles muß dir weichen
Nirgends wollte sich mir zeigen
Solch' ein wonnender Verein,
Solches Liebliche und Große,
Blüthe, wie Cytherens Rose,
Heitres Grünen in dem Hain.

Von den Menschen abgeschieden
Wird der Seele wieder Frieden.
Find't in Aigen wieder Ruh';
Und auch ich hab' sie gefunden,
Vom Geräusch der Welt entwunden
Kömmt hier Ruh' von allem zu.

König Ludwig I. von Bayern

quelle' bezeichnet wird. Ehemalig ist hier allerdings nur das nach 1800 entstandene Heilbad. Das 'Wildbad Aigen' galt damals als Wallfahrtsort Heilung suchender Menschen. Heute wird der Heilquelle nur noch wenig Beachtung geschenkt und ist damit vergleichbar mit der Situation von der Kirchbergquelle in Bad Reichenhall, die einst dem heutigen Kurbad seinen guten Ruf gab (siehe Magisches Berchtesgadener Land S. 38).

Die gefasste Quelle schenkt immer noch das natriumsulfat-haltige Heilwasser, wofür noch die veraltete Bezeichnung 'Bitterquelle' steht. Wenige Meter oberhalb der stimmungsvoll mit Steinen eingefassten Quelle öffnet sich im Waldboden eine Höhle, die nur mit großer Vorsicht zu betreten ist und nicht für Kinder geeignet ist (Einsturzgefahr). Am Höhlenrand vernehmen wir aus der Tiefe einen Wasserfall, aus dem sich dann die Quelle speist.

Das Hexenloch (die untere Grotte)

Vom Parkplatz bzw. Parkeingang gehen wir am Felberbach entlang und erreichen nach wenigen Minuten das Hexenloch (beschildert). Das Hexenloch ist auch als Illuminatenhöhle bekannt und soll – ebenso wie der Golserhügel am

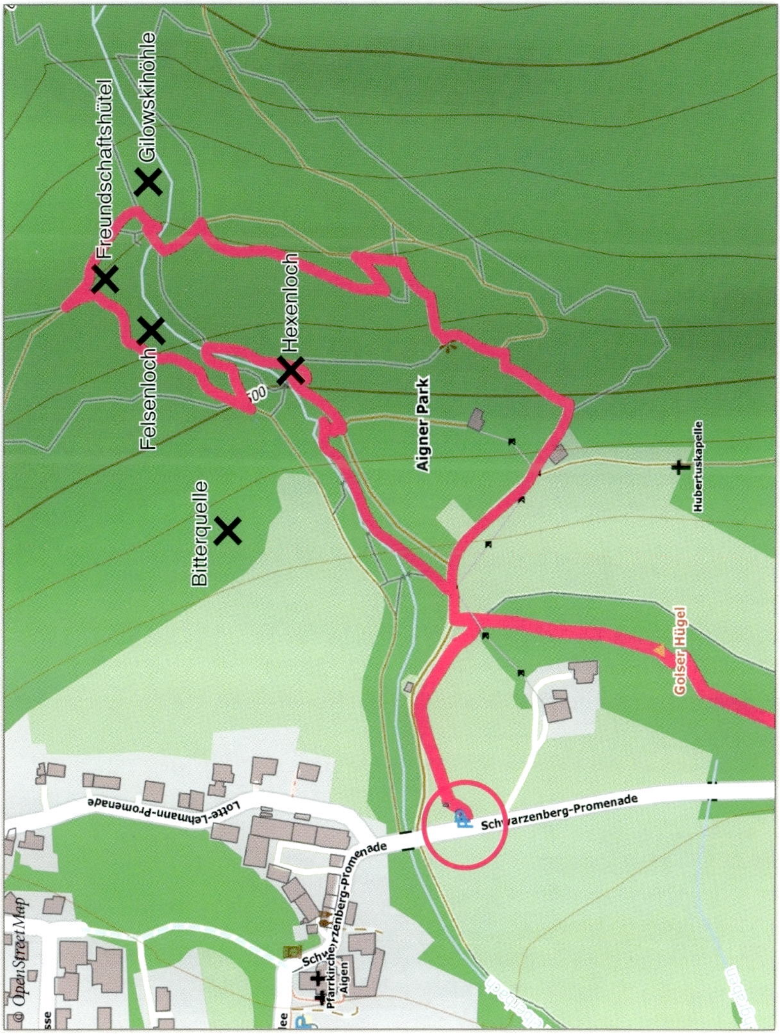

Aussichtsplattform im Park.

Südrand des Parks - dem Illuminatenlogen Apollo als Treffpunkt für Zeremonien und Kulte gedient haben. Selbst Mozart soll von jener Höhle zur Zauberflöte inspiriert worden sein.
Der zu einem 2 m hohen Stollen künstlich erweiterte, wasserführende Höhleneingang (Gummistiefel empfehlenswert) führt nach wenigen Metern in den imposanten Wasserfallraum, der durch eine zweite Höhlenöffnung beleuchtet wird und wahrhaft ein magisches Wasserspiel in der Unterwelt inszeniert. Dieser zweite Höhleneingang ist auch durch das danebenliegende trockene Bachbett des Felberbachs mit etwas Kletterei erreichbar ohne durch das Stollenwasser steigen zu müssen.

! ***Hier lässt es sich gut mit den Wasser- und Höhlengeistern kommunizieren.***

Die Aussichtskanzel

Der Hauptweg führt zur Aussichtskanzel (beschildert) und unterwegs kann noch das Felsendach (heute eine beliebte Unterkunft für Obdachlose), der Freundschaftshügel (an dem einst ein Altar stand) und die Gilowskihöhle/ obere Grotte (schwieriger Zustieg, Lampe empfehlenswert!) besichtigt werden. Zahlreiche Naturwesenheiten lassen sich hier im Schlucht- und Waldbereich erspüren.
Von der Aussichtskanzel lässt sich ein eindrucksvolles Panorama einschließlich Sicht auf den Untersberg genießen, eine Jause einnehmen oder auch ein angemessenes Ritual als Dank für die Naturgeister jenes vergangenen Paradieses zelebrieren.
Der Abstieg kann hier nach Südosten erfolgen und ermöglicht einen Rundweg zum Ausgangsort.

Ausgangsort	Salzburg-Aigen, Wanderparkplatz Naturpark Aigen (hinter dem Schloss Aigen)
Rundweg	1 Stunde
Gelände	unschwierig bis auf die Einstiege in die untere u. obere Grotte (Taschenlampe, feste Schuhe o. Gummistiefel empfehlenswert)
Gasthaus	Schloss Aigen

Das Zigeunerloch

:: Vom menschlichen Unterstand der Frühgeschichte zu den Bienenvölkern der Moderne ::

Das **Zigeunerloch** befindet sich an der Westseite der Landesstraße L 105 zwischen Puch und Elsbethen-Glasenbach auf Höhe der Rainer-Kaserne. Von Glasenbach kommend orientieren wir uns kurz nach der Einfahrt zur Kaserne nach 100 m rechter Hand an einer Einbuchtung, die zu einem versperrten Felsenkeller führt. Hier setzt ein Waldweg an, der zunächst wenige Meter den Hügel aufwärts führt. Bei der nächsten Abzweigung halten wir uns rechts und sehen bald darauf schon unterhalb des Hügels einen Felsüberhang mit einer Halbhöhle. Das Gelände gehört einer auf der Ostseite des Hügels gelegenen Imkerei, die das geschützte Felsgelände für zahlreiche Bienenstände nutzt. In die Halbhöhle hinein wurde ein Kellerraum erweitert und mit einer Tür abgeschlossen.

Im Zigeunerloch wurden viele prähistorische Artefakte ausgegraben, so auch das Skelett eines Kindes aus der Steinzeit, das hier rituell beigesetzt wurde (Funde siehe Heimatmuseum Elsbethen, Johann-Herbst-Straße 35). Bis in die 1960er-Jahre des letzten Jahrhunderts siedelten dort zwischenzeitlich immer wieder Sinti und Roma und gaben der Höhle so ihren Namen.

Vom Unterstand der Urvölker zu den Bienenvölkern.

Der Lärm der wenige Meter unterhalb befindlichen Landesstraße und auch die Einvernahme jenes uralten Siedlungs- und Kultplatzes durch die Bienenvölker bewahrt den Ort vor jeglichem Kraftorttourismus.
Das Gelände ist zudem in Privatbesitz aber frei zugänglich.

Ausgangsort Salzburg-Glasenbach, Rainer Kaserne
Hinweg 5 Minuten

Sankt Jakob am Thurn
:: Ein verstecktes Kleinod ::

Sankt Jakob am Thurn gehört zur Gemeinde Puch bei Hallein und liegt auf 520 m Seehöhe.
Zur Wallfahrtskirche gehört auch eine Loreto-Kapelle, die eine schwarze Madonna beherbergt, die bei den Prozessionen zum Kirtag und zu Fronleichnam von vier jungen Frauen getragen wird.
Schwarze Madonnen waren ursprünglich vorchristliche Göttinnen und deren Verehrung deutet auf sehr alte Kultstätten hin.
Ein interessantes Kultobjekt befindet sich hinter dem Altar: eine verehrte kupferne Schale an einer Kette hängend, ein Kochgeschirr der Heiligen Maria vorstellend, aus dem das Christkind gegessen haben soll.
Am Festtag des heiligen Jakobs wird der Jakobischützentanz aufgeführt.
Das Kultareal der Kirche mit seinem Jakobsbrunnen liegt in einer geschützten Mulde des Thurnbergs am Ostrand eines kleinen Sees.

Der See als Kraftort: links die Turmburg, die Kirche als Kultplatz in der Mitte.

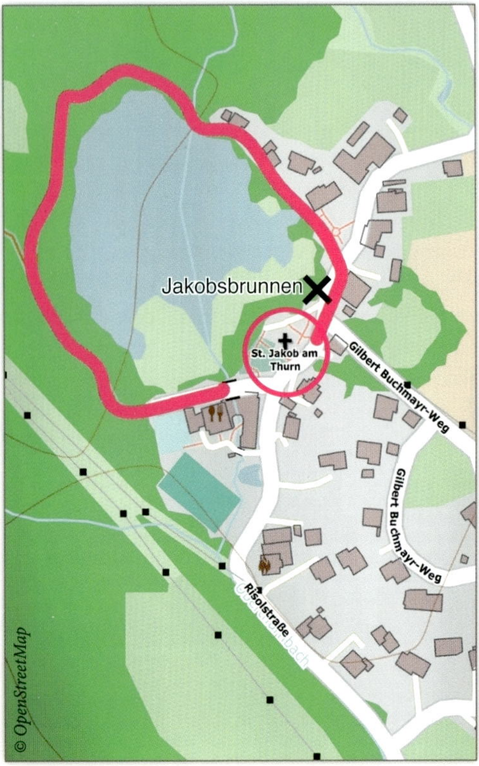

Das Wahrzeichen des Ortes ist die im Norden gelegene Turmburg (Privatbesitz!), an der auch der Rundweg um den See vorbeiführt.

Der seit 1929 aus einem Sumpfgebiet ausgebaggerte See, an dem sich vor beinahe 100 Jahren einmal eine Badeanstalt befand, ist der eigentliche Kraftort. Ruhebänke laden zum Verweilen und Krafttanken ein. Das am Südende des Sees gelegene Bio-Gasthaus 'Schützenwirt' mit dem öffentlichen Abenteuerspielplatz daneben rundet insbesondere für Familien ein ganzheitliches Erleben eines kleinen, versteckten Ortes in einem Hochtal über der Salzach ab.

Bemerkenswert ist auch das an den Schützenwirt angrenzende anthroposophische Kulturzentrum mit seiner Sonderschule, Hort und Internat für behinderte Kinder. So verbindet sich christlicher Kult mit der spirituellen Weltanschauung nach Rudolf Steiner an einem Kraftort.
Der heilige Untersberg spitzt durch die Bäume am Westrand des Sees.

Ausgangsort	Sankt Jakob, Kirchplatz
Rundweg	30 Minuten
Gelände	unschwierig
Gasthaus	Schützenwirt
Sagen	Wie die St. Jakober die 'Kohlmanei' beschworen haben, Der Teufel lief als Dreizehnter

paxnatura
:: Die letzten Ruhestätten in der Natur des Untersbergreiches ::

Das Glanegger Unternehmen paxnatura bietet seit 2010 auf österreichischer Seite des Untersbergs zu seinen Füßen und auf seiner Hochfläche drei Flächen für Urnenbestattungen in freier Natur an: Die Kastanienwiese bei Grödig, die Dürre Wiese bei Wals und die Almwiese bei der verfallenen Vierkaseralm.

*Die Begräbnisstätte '**Kastanienwiese**' ist nur 200 m von dem Einstieg zum Doppler-Steig gelegen und direkt vom Parkplatz Rositten zu Fuß auf ebenem Wege in 5 Minuten erreichbar.*
*Die Bestattungsfläche '**Dürre Wiese**' liegt auf einer idyllischen, sonnigen Waldlichtung am Fuße des Untersbergs zwischen der Fürstenbrunner Landesstraße und dem Freilichtmuseum. Die artenreiche Blumenwiese ist umgeben von Nadelmischwäldern und bietet einen wundervollen Ausblick auf die Nordhänge des Untersberges. Nach einem ca. halbstündigen Spaziergang über markierte Forstwege kann*

Ruhestätte Vierkaseralm am Untersberg.

man die Bestattungsflächen entweder von der Landesstraße oder vom Freilichtmuseum erreichen.
*Die '**Vierkaseralm**' liegt in der Nähe der bayrischen Landesgrenze auf dem westlichen Teil des Untersbergplateaus unterhalb des Hirschangers. Von der malerischen, zwischen Latschenfeldern gelegenen, unbewirtschafteten Alm hat man einen grandiosen Ausblick Richtung Norden zum 'Hochstaufen' und dem gesamten Lattengebirge, sowie in Richtung Süden über das Untersberg-Plateau zum Hirschanger und Ochsenkopf. Der direkte Aufstieg zur Vierkaseralm erfolgt über einen markierten Steig ausgehend von 'Bruchhäusl' im Gemeindegebiet Großgmain. Der Steig beginnt unmittelbar oberhalb der Wohnhäuser 'Bruchhäusl', quert mehrfach die Forststraße 'Jägerweg' und führt nach ca. zweistündiger Wanderung oberhalb der Waldgrenze auf die Vierkaseralm. Alternative Aufstiegsmöglichkeiten gibt es vom bayrischen Hallthurm ober über die Klingeralm, z.B. im Zuge einer Untersberg-Überquerung ausgehend von der Bergstation der Untersbergbahn.*
Weitere Infos siehe www.paxnatura.at

So bietet nun der einzige mitteleuropäische Ahnenberg den einst nur mythologisch belegten Zugang in seine Unterwelt. Bezeichnenderweise liegen die Talbestattungsflächen Kastanienwiese und Dürre Wiese im Osten - also auf der Sonnenaufgangsseite des Berges und die Vierkaseralm auf der Hochfläche im Westen - zur Sonnenuntergangsseite. Ob dem Unternehmen die mythologischen und energetischen Zusammenhänge bewusst sind?
Die (letzte) Ruhe Suchenden finden nun - wieder - ihren Platz an der Tafel Kaiser Karls, bei den Untersbergmandln und den Wildfrauen im Inneren dieses heiligen Berges. Eine Analogie die ihresgleichen sucht.

Ausgangsort	1. Glanegg Parkplatz Rositten/Doppler Steig 2. Wanderparkplatz nördlich gegenüber dem Latschenwirt 3. Großgmain-Bruchhäusl (Wanderparkplatz)
Hinweg	Kastanienwiese 5 Minuten, Dürre Wiese 30 Minuten, Vierkaseralm 2½ Stunden
Gelände	unschwierig (Kastanienwiese und Dürre Wiese) bis mittelschwierig (Vierkaseralm)
Gasthaus	Latschenwirt (nicht täglich geöffnet!)
Sagen	Die weiße Frau von Großgmain (für das Gebiet Dürre Wiese), Kasermandl (für das Gebiet Vierkaseralm)

Fürstenbrunn
Kastanienwiese
Geiereck (1805)
Salzburger Hochthron (1853)
Kühstein
Sausende Wand
Dürre Wiese
Roverkreuz
Vierkaseralm
Marzoll
Großgmain
© OpenStreetMap

Untersbergkirche Großgmain
:: Kraft und Kult im Heilgarten ::

Die **Wallfahrtskirche** *'zu Unserer Lieben Frau'* gehört zu den 12 Untersbergkirchen (siehe dort) aus der 'Lazarus Gitschner'-Sage. Damit kann man von einem altbekannten und vorchristlichen Kraftort und Kultplatz sprechen. Heute hat sich der dominante Kraft- und Kultort allerdings wieder nach außen gelagert und zwar in den östlich von Kirche und Friedhof gelegenen Marienheilgarten.
Ein Parkplatz findet sich direkt daneben. (Weiteres unter Tour 21, Waldandacht bei Großgmain).

Ausgangsort	Großgmain, Josef-Meinrad-Weg 1 (Parkplatz Marienheilgarten und Kirche), siehe auch Skizze von Tour 23
Hinweg	Parken am Parkplatz Marienheilgarten
Gelände	unschwierig
Gasthaus	Kaiser Karl
Sage	Lazarus Gitschner und die Prophezeiungen des Mönchs vom Untersberg (Alte Sagen aus dem Salzburger Land)

Der Untersbergmenhir - ein Kraftpunkt.

Die Waldandacht bei Großgmain
:: Weihnachtsmesse am 25. November – andere Zeiten zu Füßen des Untersbergs ::

Die Waldandacht: ein stiller Ort der Einkehr zu Füßen des Untersbergs.

Die kleine Kapelle im Wald unterhalb des Untersbergs namens **Waldandacht** erreichen wir von Großgmain aus über die schmale Straße Richtung Wolfschwang/Plainburg. Beim Großgmainer Ortsteil Bruchhäusl parken wir linker Hand am Wanderparkplatz. Wir folgen nun dem beschilderten Forstweg Richtung Latschenwirt und erreichen bereits nach 200 Metern diesen wunderbarern Ort der Stille und Einkehr mitten im Wald.

Ihre Besonderheit erfährt sie durch die Weihnachtsfeier der Pfarre von Großgmain jedes Jahr am *25. November um 23 Uhr*. Dieser **historische Christgeburtsgottesdienst** beruht auf Visionen der seliggesprochenen Anna Katharina Emmerich und weiterführenden Berechungen durch den Astrologen Sandor Belscak (weitere Auskünfte durch die Pfarre Großgmain).
Herrscht hier eine andere Zeitrechnung?
Tatsächlich liegt die Waldandacht auf der - von mir so genannten – **Kyrilllinie**, jener Linie einer Zeitanomalie zwischen Salzburger Hochthron bzw.

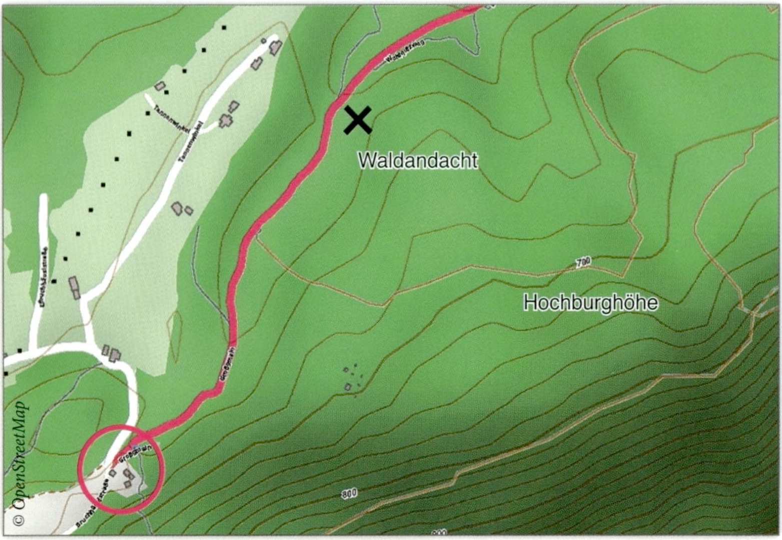

Waldandacht am 25. November um 23 Uhr mit dem 'Untersbergpfarrer' Herbert Schmatzberger.

Mittagsscharte am Untersberg und der Waldandacht bei Großgmain. Auch von der Waldandacht wurde mir von unerklärlichen Zeitverlusten berichtet.

Dieser sakrale Platz erfährt somit durch den **modernen Weihnachtskult** und die Lage in der Zeitanomalie-Zone seine Bedeutung und Kraft. Er wird dominiert durch die Präsenz des Berggeistes.

Ausgangsort Großgmain-Bruchhäusl (Wanderparkplatz)
Hinweg Parken am Wanderparkplatz Bruchhäusl, 5 Minuten
Gelände unschwierig (Waldweg/Forststraße), Achtung Radfahrer
Gasthaus Wolfschwang (ab Bruchhäusl der Beschilderung folgen)
Sage Lazarus Gitschner und die Prophezeiungen des Mönchs vom Untersberg (Alte Sagen aus dem Salzburger Land)

Die Hochburghöhe in Großgmain
:: Ein Sonnenkultplatz zu Füßen des Untersbergs ::

Die Anfahrt erfolgt über **Großgmain**. In Ortsmitte Richtung Plainburg/ Latschenwirt in die Plainburgstraße abzweigen und nach einem halben Kilometer rechts auf den Wolfschwangweg einbiegen und dem Straßenverlauf nochmals einen halben Kilometer folgen, bis auf den höchsten Punkt, wo zugleich die **Hochburghöhe** erreicht ist. Parkmöglichkeit besteht am Parkplatz vom ehemaligen Hotel Greiner (gegebenenfalls dort nachfragen!).

Es zweigt ein unbeschildeter Weg links (östlich) ansteigend auf den nahegelegenen Hügel ab. Nach wenigen Metern geht man weglos am Rand der anschließenden Felder des Hochburgbauern entlang, um den besten Beobachtungspunkt zu finden, den man anhand des Sonnenverlaufs gut findet. Der **Sonnendurchgang durch das Teufelsloch** ist hier vom 19. bis 23. Dezember zu sehen. Die Durchgangszeit liegt in der Zeit von 13:15 bis 13:30 Uhr.

Das Sonnenauge des Lattengebirges ist an diesem Naturkraftort somit exakt zur Wintersonnenwende aktiv. Von einem frühgeschichtlichen Kultplatz ist aufgrund dieses Naturschauspiels auszugehen.
Bemerkenswert ist, dass zur Sommersonnenwende oben am Untersberg im Energiezentrum 'Mittagsscharte' ein Sonnen-/Bergschauspiel direkt im Berg (Höhle Steinerner Kaser - siehe Tour 31) zu beobachten ist und zur Wintersonnenwende außen am Berg durch den Sonnenlichteinfall vom Teufelsloch - ein **alpines Unikum im Jahreskreis**!
Der Sonnendurchgang beim Teufelsloch 'segnet' somit vom 19. bis 22. November ab 13:15 Uhr den als Grabhügel in Hohenfried bekannten Ort und damit die Westseite des Bayerisch Gmainer Talausgangs Richtung Berchtesgaden.

Dann wird vom 19. bis 23. Dezember die Ostseite des Talausgangs bei Großgmain 'gesegnet'. Und vom 20. bis 23. Januar ist wieder die Bayerisch

Gmainer Seite betroffen. Damit schließt der Zyklus als eine **Monatssymmetrie** - die sich um die **Winter-Sonnenwende** dreht.

Ausgangsort Großgmain, Hochburgerhöhe
Hinweg Parken am Parkplatz ehemaliges Hotel Greiner, Hochburgerhöhe 131, etwa 5 Minuten
Gelände unschwierig
Sagen verschiedene Teufelslochsagen

Großgmain
Hochburghöhe
Berchtesgadener Straße
Hohenfried
Grabhügel
600
© OpenStreetMap

Der Marienheilgarten Großgmain
:: Heilung zwischen Kunst und Natur ::

Wer sich auf die energetischen und spirituellen Geheimnisse dieser magischen Region rund um den heiligen Untersberg begeben möchte, sollte an seinem Westfuß in Großgmain im Salzburger Land beginnen und den dortigen **Marienheilgarten** besuchen. Er liegt direkt neben der Wallfahrtskirche (Parkplatz: Josef-Meinrad-Weg 1). Am 15. August - jenem magischen Datum des Untersbergs (siehe Mittagsscharte) - wurde dieser 'Natur-Kunst Garten' vom Großgmainer **Pfarrer Herbert Josef Schmatzberger** (auch als der Untersbergpfarrer bekannt) im Jahre 2001 eingeweiht.

In der Info-Broschüre, die im Garten ausliegt, steht zu lesen:
Neben der Wallfahrtskirche Großgmain und im Angesicht des mythischen Untersberges entstand im Salzburgischen ein Garten, der Natur und Philosophie, Religion und Mythologie, Astrologie und Numerologie zu einer ganzheitlichen - holistischen - Weltsicht verbindet. Inmitten eines Kreises aus Blumen und Kräutern, die nach

Stern der Liebe und Sophia-Maria-Statue im Marienheilgarten.

dem Horoskop des Einweihungsdatums am 15.08.2001 um 10 Uhr 30 angeordnet sind, steht eine Statue der Sophia-Maria, ein Novum in der Kunst und Theologie des Abendlandes. Sie ist nach der Heiligen Schrift die Weltseele, die Mutter der ganzen Schöpfung, die in Maria Mensch geworden ist. Sie verkörpert die Einheit durch Liebe, das weibliche Prinzip.
So spiegelt sich in diesem Garten die naturhafte Welt, wie sie ein Franz von Assisi liebte, beweglich, grenzenlos, alles verbindend wider. Die Einheit von Gott und seiner Schöpfung.
Der Sophie gegenüber steht in einem zweiten Kreis ein Findling vom Untersberg (...).
Dieser Berg gilt als machtvoller Kraftort, manche nennen ihn das Herzchakra unseres Planeten. Mythologisch ist er mit Kaiser Karl dem Großen verbunden, der als erster Europäer in die Geschichtsschreibung eingegangen ist. An diesem Berg wurde der abendländische Kaisermythos festgemacht.
Karl ist heute noch ein Zeichen für die europäische Einheit, die sich auf das antike Erbe, die christliche Religion und die germanische Gedankenwelt beruft. Er verkörpert die Einheit durch Macht, das männliche Prinzip. So wird der Garten zu einer Allegorie einer sich entfaltenden europäischen Einheit, einer holistischen Ökologie und einer kosmischen Spiritualität.

Brunnen im Marienheilgarten.

Der Geomantie-Interessierte kann sich im Heilgarten wie auf einem **Kraftfeld-Lehrpfad** (Plan auf Info-Broschüre) aufhalten und seine persönlichen Kraftorte finden.
So steht der *Untersbergstein* auf einem starken Kraftfeld und wirkt als **Menhirstein**, der 14 Strahlen aussendet, die von einem Kreis gekreuzt werden. Der Schnittpunkt des Kreises mit den 14 Strahlen ergibt 14 Energiepunkte, die durch 14 kleine Steine markiert sind. Die Zahl 14 stellt eine biblische Zahl dar.
Ein weiteres Kraftfeld findet sich bei der *Sophia-Maria-Statue*, die von manchen als überwältigend empfunden wird. Dem Brunnen hinter der Statue wird eine besondere Heilkraft nachgesagt.
Am 15. August 2011 wurde von Pfarrer Schmatzberger der vom ehemaligen

Links Untersberg, rechts Schlafende Hexe, Mitte Marienheilgarten.

österreichischen Skirennläufer und heutigen Visionär David Zwilling (siehe auch Steinpyramide in der Mittagsscharte) aus Steinen gesetzte *Stern der Liebe* am Nordausläufer des Statuen-Kraftfeldes eingeweiht und vergrößert. (weitere Infos dazu www.zwilling.at)

Im Marienheilgarten finden auch regelmäßig Tierheilungsgottesdienste statt. Die Großgmainer Marienkirche (Wallfahrtskirche) gehört zu den 12 Untersbergkirchen der Lazarus-Gitschner-Sage und ist damit eine der 12 stärksten Kraftorte am Untersberg. Aufgrund neuester geomantischer Untersuchungen wird inzwischen von 14 Kraftorten / Untersbergkirchen ausgegangen, die ich bereits im Mythos Untersberg (S. 81 ff.) als die Stiftskirche von Berchtesgaden (End-/Anfangspunkt der Leyline Karlsruhe - Berchtesgaden) und die Wallfahrtskirche Maria Gern (auf Untersbergleyline und Kirche der Untersbergmandl) beschreibe.

Die Marienkirche ist zugleich Ausgangs- und Endpunkt der 42 km langen Untersbergwallfahrt, die dort jedes Jahr am 14. August stattfindet. Sie führt im Uhrzeigersinn über die Kirchen von Fürstenbrunn, Glanegg, St. Leonhard, Ettenberg, Irlmaier-Madonna/Almbachklamm, Maria Gern, Bischofswiesen und Winkl. (Weitere Infos zum Marienheilgarten unter www.marienheilzentrum.org)

Ausgangsort	Großgmain, Josef-Meinrad-Weg 1 (Parkplatz Marienheilgarten und Kirche)
Hinweg	Parken am Parkplatz Marienheilgarten
Gelände	unschwierig
Gasthaus	Kaiser Karl (am ehem. Grenzübergang/Salzburger Str. 55)

Großgmain
Großgmain
Marienheilgarten
Volksschule Großgmain
Aussegnungshalle
Kneippstraße
Poststraße
Staufenstraße
Leopoldstalerweg
Fischerweg
Am Mesnerbach
Falkenweg
Am Randersberg
Tannhäuslweg
Paracelsusstraße
Sanatoriumstraße
Mitterweg
Rupertiweg
Lattenbergstraße
Predigtstuhlstraße
Am Weißbach
Plainburgstraße
Mautweg
Rotofenstraße
Harbachersteig
Taufkirchenweg
Großgmainer Gangsteig
Parkstraße
© OpenStreetMap

Die Venusblume bei der Buchegger Rossalm

:: Ein moderner Almkult ::

Zum Venustransit am 6. Juni 2012 initiierte der bekannte österreichische Naturwissenschaftler, Energiearbeiter und Buchautor Werner Neuner die weltweite Installation von 200 steinernen Venusblumen, eine davon liegt nun am Fuße des Kühsteins (siehe dort) auf der österreichischen Seite des Untersbergs im Gebiet der **Buchegger Rossalm** südlich der Landesstraße zwischen Fürstenbrunn und Latschenwirt. Der österreichische TV-Sender ATV berichtete darüber.

Dazu schreibt er auf seiner Website (www.meinthema.com/de/wernerneuner/Venus/Venusevent2012):

Am 6. Juni 2012 steht die Venus exakt zwischen Sonne und Erde. Dieser Venustransit ist ein markantes astronomisches Jahrhundertereignis. Venusisches Plas-

Die Venusblume bei der Rossalm.

Die Rossalm.

ma strömt an diesem Tag mit hilfe der Sonnenwinde in die Erdatmosphäre ein.
Diese Verbindung von Venusplasma und Sonnenwinden wird im planetaren Bewusstseinsfeld der Erde und im Bewusstsein jedes einzelnen Menschen starke Bewegungen auslösen.
Dies ist ein kosmisches Geschenk, das wir mit Dankbarkeit annehmen können, das wir verstehen sollten, um es für Heilungsimpulse nutzen zu können.
Als sinnvolles und kraftvolles Element, um solche Impulse zu setzen, sehe ich das Projekt Venusblume. Wenn an diesem 6. Juni an vielen Orten der Erde mehr oder weniger gleichzeitig Venusblumen gelegt werden, entsteht eine kollektive Kraft, welche die Heilung der Liebe initiiert und das Feld für eine neue Liebesgesellschaft im Einklang mit sich selbst und im Einklang mit der Mutter Erde vorbereitet.

Es ist schon bemerkenswert, dass unterhalb des vergessenen Kultbergs Kühstein sich nun moderne Kulte manifestieren. Bereits 2011 wurde gegenüber der Alm auf der anderen Straßenseite ca. 100 m östlich entfernt auf einer Waldlichtung eine Venusblume installiert.
Sollte die Alm gerade geschlossen haben, so hat man dennoch die Möglichkeit, diese Venusblume zu besuchen und den Anblick des großen Wasserfalltals am Untersberg zu genießen.
Venusische Liebesenergie verbindet sich hier mit einem Herzchakra der Erde. Eine einmalige Konstellation, die einem tiefe Freude, Liebe und Erdverbundenheit spüren lässt und sich in den steinernen Venusblumen und dem darüber thronenden Untersberg manisfestiert.

Ausgangsort	Fürstenbrunner Landstraße (auf halber Strecke zwischen Latschenwirt und Veitlbruch, siehe auch Skizze von Tour 25
Hinweg	direkt neben der Landesstraße
Gelände	unschwierig
Gasthaus	Rossalm (unregelmäßige Öffnungszeiten)
Sage	Die weiße Frau von Großgmain

Die Veitlbruch-Quelle

:: Die versiegte (Heil-)Quelle und ihr vergessener Ursprung ::

Die als **Römerquelle** oder auch **Veitlbruchquelle** bekannte Quelle auf der österreichischen Seite des Untersbergs beim Veitlbruch (ehemaliger Marmorbruch) wurde nach Laboruntersuchungen und Feststellung von Fäkalkeimen im Oktober 2010 'stillgelegt', das heißt, dass der dortige Brunnentrog und die ihn speisende Wasserleitung deinstalliert wurden. Das begehrte Wasser vom Untersberg schien somit versiegt. Dem Zubringerbach wurde kaum Aufmerksamkeit geschenkt.

Quellanfang der Veitlbruch-Quelle.

Doch wer bei der Parkbucht rechts von der Veitlbruchkapelle und links vom Brunnentorso sich am Bach aufwärts orientiert, begibt sich auf die Spuren des Quellursprunges. Nach wenigen Metern teilt sich der Bach (seit Sommer 2012 wurde direkt an der Bachgabelung, am Beginn des bemoosten Quellbachbettes, wieder ein Rohr in den Bachkies gesteckt, aus dem sich wieder das in trockenen Zeiten versiegte Wasser ergießt). Wir halten uns am linken, steil nach oben, über bemooste Kaskaden führenden Bach, an dem rechts - also genau zwischen den beiden Bächen - ein ebenso steiler Steig im Wald aufwärts führt - und nach ca. 100 m die eigentliche Quelle (kleines Schild: *Veitlbruch-Quelle* mit Höhlenkatasternummer) erschließt.

Größere Behälter, Kanister oder gar Wohnmobiltanks zu befüllen - wie einst am Brunnentrog neben der Straße - ist hier natürlich nicht mehr möglich. Hier oben herrscht Ursprünglichkeit und Wildnis. Lediglich Steinmandl weisen darauf hin, dass ein paar Menschen sich der Kraft und Bedeutung jenes Wasserkraftortes bewusst sind und ihm etwas zurückgeben.

Die Kraft und Heilwirkung der Veitlbruchquelle kann hier (wieder) erfahren werden - mit etwas Anstrengung und Vorsicht beim Auf- und Abstieg.

Ausgangsort Veitlbruch an der Fürstenbrunner Landstraße
Hinweg 5 bis 10 Minuten
Gelände unschwierig bis mittelschwierig
Gasthaus Latschenwirt (nicht regelmäßig geöffnet!)
Sagen Die weiße Frau von Großgmain

Der Kühstein

:: Der vergessene Kultberg mit dem Andersweltportal ::

Der **Kühstein** ist nur über anspruchsvolle, unbeschilderte und nicht markierte Steige auf der österreichischen Seite des Untersbergs zu erreichen und bleibt daher Ortskundigen und Bergerfahrenen vorbehalten!
Am einfachsten erfolgt der Aufstieg über die Skiabfahrt (Weinsteig) bis zur Schwaigmühlalm. Von der Alm weglos über den Kamm Richtung Kühstein. Den Kühstein am Ostausläufer entlang bis über leichte Steigspuren an einem Nadelholzstreifen aufwärts zum markanten **Bockloch**, das man durchsteigt, sich danach links hält und den weiteren Steigspuren zum Gipfel folgt. Dieses Felsenloch wirkt wie ein Portal zur Anderswelt.

Laut Inge Resch-Rauter (Quelle: Inge Resch-Rauter 'Auf den Spuren der Druiden', S. 460) steht der keltische Begriff 'Cianan' für Kirche, Kirchenburg und im Weiteren verweist sie in diesem Zusammenhang auf 'Kuh/Küh'. Der Kühstein als eine Art grüner Tempel - als ein Natur-Kultplatz der Frühzeit?

Der Kühstein von Fürstenbrunn aus gesehen.

Hierzu ein Vergleich mit dem Kühstein im österreichischen Mühlviertel, dessen Granitgipfel mit Schalen auf dem Gipfelfelsen nachgewiesenermaßen ein Kultplatz war. Am Wandfuß dieses Kühsteins wurden Tonscherben als mögliche Opfergaben gefunden. Und definitiv ist jener Kühstein in seiner Form und Lage nicht für Kühe zugängig. Das trifft wohl auch für den Untersbergkühstein zu.

Das Bockloch beim Aufstieg.

Am Ostaufstieg muss der Bergsteiger sogar ein schmales Felsenportal - das Bockloch - durchschreiten, um auf den Gipfel zu gelangen. Das Bockloch als ein Portal zur Anderswelt in der Sonnen- oder Opferkulte zelebriert wurden?
Die im Westen senkrecht abfallenden Felswände des Kühsteins sind jedenfalls zum Sonnenuntergang ausgerichtet. Ob sich am Wandfuß Tonscherben oder ähnliche Opfergaben finden ließen?

Vier markante Erosionslöcher liegen in der Wandmitte und Resch-Rauter verweist auch auf eine weitere Bedeutung von 'Küh' im Sinne einer unterirdischen Behausung, die sich am Kühstein zumindest andeuten und den ehrfurchtsvollen heidnischen Naturgläubigen einen - schwer erreichbaren - Eingang in die Unterwelt, in die Ahnenwelt vorspiegeln. Im Bereich des Wasserfalltals westlich vom Kühstein speist sich der Wasserfall aus einem Felsenversturz. Quellen waren den Kelten heilige Orte, galten sie doch als Urkraft mit Zugang zur Welt der Seelen.
Der aus jener Quelle entspringende Bach nennt sich ebenfalls Küh-Bach.

Ausgangsort	Auf halber Strecke zwischen Fürstenbrunn und Veitlbruch. Kleiner Wanderparkplatz südlich der Straße, siehe auch Skizze von Tour 27.
Hinweg	2½ Stunden
Gelände	schwierig
Gasthaus	Latschenwirt (nicht regelmäßig geöffnet!)
Sage	Der Riese Abfalter und die Mittagsscharte

Bei der Klingeralm

:: Gebets-/Meditationshütte des Loretto-Kreises ::

Von Fürstenbrunn (Österreich) kommend fährt man auf der Glanegger Landesstraße Richtung Großgmain. Nach dem Überqueren der Römerbrücke kommt man nach der Steigung linker Hand an einer Kapelle vorbei. Von dort fährt man noch ca. einen Kilometer bis rechts - auf 630 m Höhe - ein kleiner Parkplatz kommt. Von dort geht man ca. 100 Meter zurück, wo der Güterweg bei einem großen Stein beginnt. Nach einem Stück Güterweg zweigt links der beschilderte Klingersteig ab. Er führt anfangs durch Unterholz und dann steil ansteigend durch den Wald. Man quert zweimal die Forststraße. Nach ca. einer Stunde Gehzeit am Ende der Forststraße führt der Steig über eine Wiese querend zum Waldrand. Es geht dann in Serpentinen durch den Graben aufwärts. Nach einer guten weiteren Stunde hat man nach 898 m Höhenunterschied die Klingeralm auf 1528 m Höhe erreicht.

Diese zum katholischen **Loretto-Kreis** gehörige **Gebetshütte** steht neben der Klingeralm. Der Hütte etwas nördlich vorgelagert befindet sich eine Art Andachtsstätte mit Kreuz, Gebetsbänken und Madonnenstatuen. Der Ausblick von hier ins Voralpenland ist atemberaubend.
Auf Wikipedia steht über den Loretto-Kreis zu lesen:
Die Gemeinschaft hat zwei hauptsächliche Ziele. Zum einen dient sie der persönlichen Gottsuche des Einzelnen und der gegenseitigen Stärkung und Heiligung. Zum anderen initiiert und trägt sie Apostolate und versucht dadurch 'Räume' zu schaffen, in denen Personen den Angelus gewissermaßen selbst erfahren und im eigenen Leben wirksam werden lassen können. (...)
Im Herzen der Kirche will die Loretto-Gemeinschaft für eine Erneuerung der Kirche (in Österreich) beten und wirken.
Ein christlicher Kultplatz in alpiner Lage, direkt (östlich) gegenüber vom vergessenen Kultberg *Kühstein* (siehe dort), direkt oberhalb des modernen **Venusblumenkultes** bei der Buchegger Rossalm (siehe dort) und direkt unterhalb der mystisch-mythischen **Mittagsscharte** (siehe dort).

Ausgangsort	Fürstenbrunner Landesstraße, kleiner Wanderparkplatz Höhe Rossalm
Hinweg	2 ½ Stunden
Gelände	mittelschwierig
Gasthaus	Latschenwirt (nicht regelmäßig geöffnet!)

Klingeralm
Klingerweg
Sausende Wand
Fürstenbrunner Straße
Bockloch
Kühstein
Schwaigmühlalm
© OpenStreetMap

Das Karlsohr

:: Orakelplatz der Frühgeschichte und moderner Kultort ::

Das Karlsohr.

Die Höhle in 590 m Höhe befindet sich wenige Meter vor der Fürstenbrunner Quelle (Wasserschloss) am Untersberg. Der (unbeschilderte) Weg dorthin beginnt beim Untersbergmuseum in Fürstenbrunn (Österreich), Kugelmühlweg (Parkmöglichkeit) von dort den Ziehweg entlang zur Wildfütterung (ca. 15 Minuten), an der Wildfütterung scharf rechts den Ziehweg leicht ansteigend weiter ca. 15 Minuten bis zum Quellenbau.
30 Meter vor dem Quellenbau steht links eine kleine verfallene Hütte. Direkt zwischen Hütte und Weg befindet sich ein durch ein Metallgeländer umzäunter tiefer Höhlenschacht, das sogenannte **Karlsohr** - eine 1 x 1,5 m messende Schachtöffnung. Der Schacht ist selber 22 m tief und nur für Höhlenkundige mit entsprechender Ausrüstung begehbar.

Keltenexperte Dr. Georg Rohrecker bezeichnete die Höhle als **Orakelplatz** der Frühgeschichte, worauf die Überlieferungen vom Weinkeller Kaiser Karls und der unterirdischen Verbindung mit dem Birnbaum auf dem Walserfeld und dem Salzburger Dom schließen lassen.

Das **Karlsohr** wird heute gern für **Loslassrituale** genutzt, indem man einen Stein, den man gedanklich energetisch belegt, alles, was man loslassen möchte, hinunter wirft.
Es ist auch möglich, dass manch Sensitiver auf Fragen, die er hier stellt, noch heute eine Antwort aus der Unterwelt bekommt.

Ausgangsort	Fürstenbrunn, Parkp. Untersbergmuseum, s. Skizze Tour 30
Hinweg	30 Minuten
Gelände	mittelschwierig
Gasthaus	Esterer (Fürstenbrunn), dort sitzt Kaiser Karl mit einem Raben am Marmortisch im Gastgarten
Sage	Das Karlsohr

Die Fürstenbrunner Quelle

:: Ein Quellheiligtum in modernem Gewand im Kultareal ::

In 595 m Höhe entspringt auf der österreichischen Seite des Untersbergs eine der einstmals wichtigsten Quellen für die Salzburger Wasserversorgung. Die Quellfassung von 1875 wird wegen seiner wuchtigen und imposanten Bauweise auch **Wasserschloss** genannt. Der (unbeschilderte) Weg dorthin beginnt beim Untersbergmuseum in Fürstenbrunn, Kugelmühlweg (Parkmöglichkeit), von dort den Ziehweg entlang zur Wildfütterung (ca. 15 Minuten), an der Wildfütterung scharf rechts den Ziehweg leicht ansteigend weiter ca. 15 Minuten bis zum Quellenbau aus dem 19. Jahrhundert.

Der Zugang zur Quellhöhle ist versperrt und nur für Höhlenforscher mit Genehmigung zugänglich.

Das erfrischende Wasser lässt sich jedoch noch an den Quellausläufern (Vorsicht: rutschige, glatte Felsen am Bach) kosten und schöpfen.

Die spirituelle und energetische Bedeutung dieser Quelle wird auch im Zusammenhang mit den knapp darunter und darüber befindlichen Höhlen Karlsohr (einstiger Orakelplatz) und Grasslhöhle (moderner Kultplatz) erkennbar, zumal solche Quellen unseren Vorfahren einmal heilig gewesen sind. Das Gelände ist ein einzigartiges Kultareal, an dem sich ein längerer Aufenthalt insbesondere an einem heißen Sommertag lohnt.

Ich habe hier von vielen Erscheinungen von Naturwesenheiten gehört und habe selber die Stimme des Untersberggeistes vernommen.

Ausgangsort	Fürstenbrunn, Parkp. Untersbergmuseum, s. Skizze Tour 30
Hinweg	30 Minuten
Gelände	mittelschwierig
Gasthaus	Esterer (Fürstenbrunn), dort sitzt Kaiser Karl mit einem Raben am Marmortisch im Gastgarten

Die Grasslhöhle

:: Ein moderner Unterwelt-Kultplatz ::

Die **Grasslhöhle** in 625 m Höhe befindet sich ca. 30 Höhenmeter rechts oberhalb des alten Quellenbaus der Fürstenbrunner Quelle am Untersberg. Der (unbeschilderte) Weg dorthin beginnt beim Untersbergmuseum in Fürstenbrunn (Österreich) am Kugelmühlweg (Parkmöglichkeit am Museum). Von dort den Ziehweg in den Wald hinauf zur Wildfütterung (ca. 15 Minuten), an der Wildfütterung scharf rechts den Ziehweg leicht ansteigend weiter ca. 15 Minuten vorbei am Karlsohr (siehe dort) bis zum Quellenbau aus dem 19. Jahrhundert, der wegen seiner aufwendigen und wuchtigen Bauweise auch Wasserschloss genannt wird. Das Wasserschloss überqueren wir zunächst links ansteigend und folgen dem teilweise mit Geländer und Treppen versehenen Steig hinüber auf die andere Talseite. In den oberhalb gelegenen Felswänden erkennen wir nun schon die dunkle Silhouette des Höhleneingangs. Die letzten Meter hinauf zur Höhle steigen wir aufgrund der Steilheit des Geländes und der vielen Stolperwurzeln und glatten Steine sehr vorsichtig (Achtung insbesondere bei feuchter Witterung aufgrund der Rutschgefahr beim Abstieg!).

Eingang zur Grasslhöhle.

Die **Grasslhöhle** ist im Inneren annähernd rund mit einem Durchmesser von 10 bis 15 Metern und einer Höhe von 5,5 m und besitzt einen großen Eingang. Im Zentrum der Höhle hat Werner Neuner am 29. März 2009 eine **Venusblume** aus Steinen installiert und das ohnedies schon sehr starke Kraftfeld in der Höhle noch verstärkt. Die Höhle ist ein sehr starker Kraftplatz und eignet sich zum Meditieren und Trommeln. Die Energie wird von vielen als transformierende Energie erfahren, die sich bereits in der heute geänderten Steinfigur als Kreis (Urheber unbekannt) zeigt.

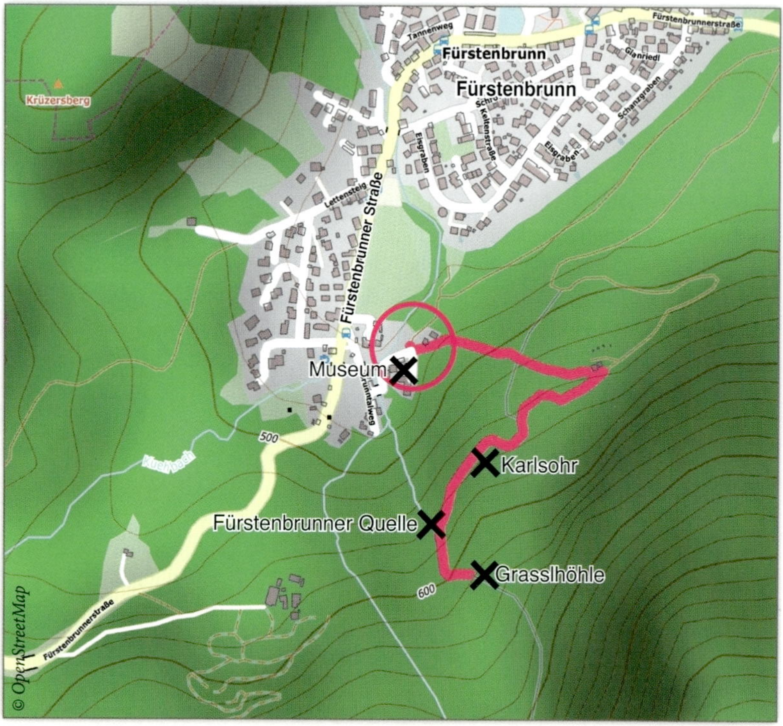

Räuchern, Trommeln, ins Zentrum der Steinformation stellen, sich im Einatmen gut über die Füße erden, Arme über den Kopf heben, mit den Händen einen Kelch formen, der sich nach oben öffnet und im Ausatmen die transformierende kosmische Energie einfließen lassen. Hier beten, bedeutet nicht um Transformation zu bitten, sondern Transformation zu fühlen und Gestalt werden lassen (Tipps aus Michael Gentschys 'Kraftplatzführer aus Bad Reichenhall').

Für ihn und auch für mich ist es einer der stärksten Orte am Untersberg. Sie bildet mit dem unterhalb liegenden Karlsohr (Orakelplatz) und der neben dem Karlsohr entspringenden Fürstenbrunner Quelle (Ursprung des Lebens) ein **Kultareal**.

Ausgangsort	Fürstenbrunn, Parkplatz Untersbergmuseum
Hinweg	40 Minuten
Gelände	mittelschwierig
Gasthaus	Esterer (Fürstenbrunn), dort sitzt Kaiser Karl mit einem Raben am Marmortisch im Gastgarten

In der Mittagsscharte

:: Der Eingang ins Energiezentrum des Untersbergs ::

Die Höhle 'Steinerner Kaser', der magische Steinkreis, das Lichtwunder und die steinerne Leitsternpyramide.

Die **Mittagsscharte** am Untersberg ist von vier Seiten (Thomas-Eder-Steig/Markschellenberg/Bayern, Weinsteig/Großgmain/Österreich, Stöhrhausweg/Maria Gern/Bayern oder Bergstation Untersberg-Seilbahn/Österreich) erreichbar. Der kürzeste in ca. 1¼ Stunden ist von der Seilbahnbergstation aus und kann als Rundweg zurück über das Kanonenrohr/Skiabfahrt begangen werden.
Der hochalpine Steig setzt Trittsicherheit und Schwindelfreiheit beim Abstieg zur Mittagsscharte voraus.

Thomas-Eder-Steig mit der Mittagsscharte, hier gut erkennbar.

Hütte Steinerner Kaser und Lichtspiel in der Höhle Steinerner Kaser.

Direkt in der Mittagsscharte treffen alle vier Wege zusammen (Schilder). An dieser Wegkreuzung sehen wir wenige Meter entfernt im Osten die früher als Unterkunft der Zöllner benutzte und heute vom Salzburger Höhlenverein gepachtete Steinhütte namens **Steinerner Kaser**. Knapp unterhalb der Hütte befindet sich der Einstieg zur gleichnamigen Höhle.

Geomantisch befindet sich in dieser Höhle **das Energiezentrum des Untersbergs**. Im Inneren befindet sich ein Steinkreis in Form eines Keltenrads mit einem Altar in der Mitte. Hier trifft man oft Menschen, die meditieren oder im Gespräch mit dem Untersberggeist sind.

Diese Höhle stellt vermutlich die in der Lazarus-Gitschner-Sage beschriebene *Felsenkapelle* in einer Klamm (=Mittagsscharte) dar. Das Innere der Höhle ist eine Art, fast kreisrunde Höhlenkathedrale.

Auch eine weitere Überlieferung von einem 'sich alle paar Jahre zum Hohen Frauentag' (Maria Himmelfahrt, 15. August) öffnenden Dimensionsportal scheint hier seinen Ursprung genommen zu haben. Zu diesem Datum kann genau zur Mittagszeit (13 Uhr Sommerzeit!) ein Sonnenlichteinfall von einem Tagschlot an der hinteren Höhlendecke beobachtet werden.

Die eigentliche Hauptereigniszeit dieses 'Lichtwunders' ist jedoch die Zeit um die Sommersonnenwende - also um den 21. Juni. Denn an diesem Tag scheint die Sonne exakt in die obere Öffnung des Tagschlots und trifft in einem gebündelten Lichtstrahl auf den Höhlenboden. Dies dauert ca. 15 Minuten.

Haben Sie schon einmal einen Sonnenstrahl in Händen gehalten - noch dazu in einer Höhle? Ein wahrhaft magisches Erlebnis!

Lichtstrahl in der Höhle Steinerner Kaser.

Zur Verstärkung des Lichtstrahls empfehle ich eine Räucherung des Höhlenraums (vorzugsweise mit Bergkräutern, die dem Höhlen- und Berggeist somit geschenkt bzw. geopfert werden). Die feinen Räucherschwaden intensivieren einerseits den Lichtstrahl und verbinden den Höhlenbesucher mit Erde und Himmel - mit Unterwelt und Kosmos.
Dieses Erlebnis gehört für mich in dieser Kraftort- und Kultplatzregion zur stärksten Erfahrung, zumal sie am/im heiligen Berg zu erleben ist.
Energetisch wird dieser Ort von vielen Sensitiven als Eingang zu 'Mittelerde', als dem Reich hoher geistiger Wesen und der Ahnenwelt empfunden (vergleichbar dem tibetisch-buddhistischen Glauben an Shambhala).
So ist es auch kein Zufall, dass ein Visionär der heutigen Zeit, David Zwil-

Kienbergsattel
700
Untersbergbahn
Schellenberger Sattel
800
Zeppezauerhaus
Geiereck (1805)
Salzburger Hochthron (1853)
Großer Heubergkopf (1820)
Mittagsscharte
Höhle
1600
© OpenStreetMap

ling, sein Netzwerk-Projekt der 12-Werte-Wege und der Leitsternpyramiden direkt neben dem 'Steinernen Kaser' an der Wegkreuzung in der Mittagsscharte seinen Ursprung nehmen lässt. Hier plant er seine steinere Leitsternpyramide.

Bemerkenswert ist auch die Sage vom Riesen Abfalter, nach der die Mittagsscharte seine Schlafstatt gewesen sei und sie davon ihre Form bekommen habe. Der Riese, eine gestaltgebende Wesenheit. Keltenexperte Dr. Georg Rohrecker klassifiziert den/die Riesen vom Untersberg als göttliche Wesen. In der Langfassung der Abfalter-Sage (Franz Otto: Unter Kobolden und Unholden - Otto Spamer Verlag, Berlin 1882, S. 71 ff.) heißt es weiter:

- *'nirgends waren* ***die*** *Riesen so daheim wie* ***im Untersberg****...' (Hervorhebung d. d. Autor)*
- *'um die elfte Stund' ... verließen sie in der Nacht den Berg (= Untersberg, der Autor)*
- *'die Riesen stehen und blicken unverwandt gen Osten, bis der erste Strahl...'* *(=Standort Hochplateau Untersberg, der Autor)*

Die Überlieferung besagt,

- dass eine Art Riesengeschlecht bevorzugt am Untersberg gelebt hat.
- dass sie nachtaktiv gewesen und Bewohner der Unterwelt waren - wie die Untersbergmandl!
- dass ihnen die Beobachtung der Sonne / des Himmels jedoch sehr wichtig war - insbesondere der Sonnenaufgang.

Im Jahre 2013 wies mich der Architekt, Heimatforscher und Autor Reinhard Gunst (Die Goldene Landschaft, Manuela Kinzel Verlag, Dessau-Roßlau 2013), auf seine Theorie hin, nach der die Mittagsscharte ein künstlich geschaffenes Monument ist. Seine mathematischen Ausführungen dazu sind überzeugend.
Mächtige Wesen schufen einst am Untersberg ein Himmelsobservatorium:
(...) könnte auch bedeuten, dass die Mittagsscharte während der Epoche der Mondseekultur entstanden sein könnte. Somit wäre die Sage des Riesen Abfalter ein Sinnbild für eine Kultur, die zum ersten Mal das Maß in die Landschaft brachte und damit auch gestaltete (Reinhard Gunst).

Ausgangsort	Grödig, Parkplatz Untersbergseilbahn
Hinweg	70 Minuten (ab Untersbergbahn-Bergstation)
Rundweg	3 Stunden
Gelände	mittelschwierig bis schwierig
Gasthaus	Hochalm am Geiereck
Sagen	Die Mittagsscharte und der Riese Abfalter, Der Riese Abfalter

Die Trockenen Klammen

:: Aus der Unterwelt hinauf auf die Alm ::

Wir fahren von Salzburg kommend nach Glasenbach-Elsbethen; nach dem Ortsschild noch 100 m, dann bei der Brücke links (kleines Schild 'Trockene Klammen'). Eine schmale Straße führt entlang der Kehlbachschlucht zum markanten Ausgangspunkt, dem Archstein. 50 Meter vor dem Archstein setzt der Waldweg mit einer großen Informationstafel an.
(Achtung: Quellenschutzgebiet nach der Kehlbachbrücke, kein Parken entlang der Straße und kaum Parkmöglichkeit beim Wegbeginn, daher vorher - vor Brücke - Parkmöglichkeit suchen - nicht beim Biobauernhof!)

Felslabyrinth in den Trockenen Klammen.

Die **Trockenen Klammen** sind ein Felssturzgelände am Westhang des Elsbether Fagers. Der typische Klammcharakter entsteht durch ein wirres Felstrümmerwerk im Hochwald. Es wird vermutet, dass diese Bergzerreißung einsetzte, nachdem die eiszeitlichen Eismassen, die ein natürliches Widerlager bildeten, abgeschmolzen waren.

Schon der **Archstein** (ein christlicher Kultstein), der äußerste Riesenblock dieses in Bewegung geratenen Hanges, begrüßt uns als Wächterstein - und der dahinterliegende Biobauernhof fügt sich geschmackvoll in diese eigentümliche Landschaft.
Vom Archstein führt ein steil aufsteigender Weg bereits nach 10 Min. in die Trockenen Klammen. Große Informationstafeln geben hier Auskünfte über Wegvarianten, Geologie und Vegetation. In dem großartigen Chaos mit einer Reihe durcheinandergeratener Kalkblöcke fühlen sich alle großen und kleinen Alpen-Indianer wohl. Mit bis zu 20 m tiefen Spalten sieht die Felslandschaft wie nach einem Erdbeben aus. Man steigt durch dunkle Kamine, in

In den Trockenen Klammen.

einen Felsenbereich mit verwirrenden Gängen, Felsblöcken und glatten Wänden.
Dazwischen aber wachsen friedlich schlanke Laubbäume. Die Vegetation mit Lianen und Buschwerk verstärkt noch den romantischen Charakter. Auch auf dem Waldboden sind die Zeichen der Bewegung zu sehen: Spalten und Löcher haben den Humus aufgerissen und führen in die Tiefe (Taschenlampen zum Klettern und Forschen nicht vergessen!).
Den eigentlichen modernen Kultplatz finden wir am Tigerfelsen (siehe Lageplan) mit Feuerstelle, Bank und Holzmarterl mit einer Art seltsamem schwarzem Christusbild mitten in der hohen Felswand. Vielleicht ein Schutzbild für die Boulder, die sich hier zum Sportklettern treffen?

! ***Der Canyon im Felsenlabyrinth bietet genügend Raum und Stille für Erdrituale. Allerdings sollte man/frau sich dann schon in den Morgen- oder Abendstunden hier aufhalten, denn die 'Trockenen Klammen' sind nicht unbekannt!***

Die Markierung im Labyrinth geleitet jeden Wanderer wieder sicher hinaus. Kurz vor Verlassen der Klammen windet sich ein drahtseilversicherter steiler Steig an die Oberfläche und in ein abenteuerliches Hochwaldgelände mit Rastbänken und Lagerplätzen, in deren Nähe immer noch Klüfte und Abgründe lauern.
Eine kleine Waldwiese lässt uns nach 45 Minuten in der Unterwelt wieder die helle Sonne genießen.
Nach weiteren 15 Minuten verlassen wir das Waldgelände endgültig und kommen auf die Wiesen und Hügel des Wildlehens. Die Aussicht auf den

Untersberg - das 'Herzchakra der Erde' - und das südliche Salzburger Becken ist grandios. Ein Stück weiter aufwärts lädt ein einzigartiges Picknickgebiet zum Pausieren ein.
Nochmal 20 Minuten sanfter Anstieg und wir haben die Erentrudisalm erreicht - eine wahrhafte Erlebniswirtschaft und -herberge mit eigenem Wildgehege, einem riesigen Abenteuerspielplatz und einem fantastischen Panoramablick vom schattigen Biergarten. Das Essen ist vorzüglich und den Most vom Stehausschank muss man genossen haben. Das Wirtschaftsgebäude mit seiner Kapelle und die Nebengebäude sind eingebettet in eine üppige Naturszenerie. Das ist eine Augenweide und ein wahrhafter Kraftort.

Ausgangsort	Salzburg Elsbethen-Glasenbach, Stadlerweg (Straße) entlang des Kehlbachs
Besonderes	Felslabyrinth (Taschenlampe nicht vergessen!), Vegetation im Klammbereich, herrliche Picknick-Wiesen, Erentrudisalm mit Abenteuerspielplatz
Hinweg	zur Erentrudisalm 80 Minuten (ab Archstein: Trockene Klammen 10 Min. - Waldwiese 35 Min. - Wildlehen 15 Min. - Erentrudisalm 20 Min.)
Rundweg	3½ Stunden (ab Erentrudisalm zur Glasenbachklamm absteigen und durch die Klamm nach Glasenbach, von dort per Bus zurück nach Elsbethen)
Gelände	schwierig (alpiner Steig, Trittsicherheit erforderlich!)
Gasthaus	Erentrudisalm (ganzjährig geöffnet bzw. saisonale Ruhetage)
Sage	Der Ulmerbergsee bei der Kehlmühle

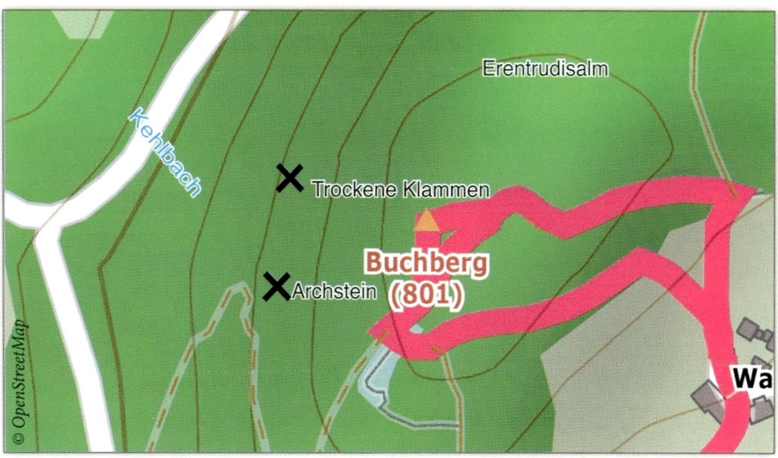

Die Plötz

:: Meditation beim weiblichen Wasserfallgeist ::

Die **Plötz** - so nennt sich ein schluchtartiges Talstück am mittleren Rettenbach in der Vorderschroffenau zwischen Hinterschroffenau und Ebenau. Der Rettenbach hat sich hier vom Hinterschroffenauer Plateau tief eingeschnitten, und gräbt sich durch eine etwa einen halben Kilometer lange Schlucht. Der Name Plötz leitet sich von Glücksplatz ab und als solcher wird diese Klamm auch touristisch vermarktet. Zwei Themenwege (Ebenauer Mühlen- und Wasserweg - Wanderwege Nr. 61 und 61a) führen entlang uralter und liebevoll restaurierter Mühlen in diese verborgene Klamm. Romantische Badegumpen (Strudellöcher), ein uriges Felsenbad und schließlich ein imposanter Wasserfall (Naturdenkmal) lassen uns hier vom Element Wasser verzaubern.

Die Mühlen (erster Hinweis aus dem Jahre 1336) und das 1959 angelegte Naturbad laden zusammen mit den Schautafeln ein, sich über Geschichte und Geologie dieses Kleinods zu informieren und zu erfrischen.

Der kürzeste Weg beginnt am Parkplatz Plötz an der Wiestalstraße ca. 1 km vor der nördlichen Ortseinfahrt von Ebenau.

Die Schwarz-Weiß-Symbolik - hier durch den Weißbach, der den Rettenbach speist und den *Schwarzaubach* auf der anderen Seite der Wiestalstraße

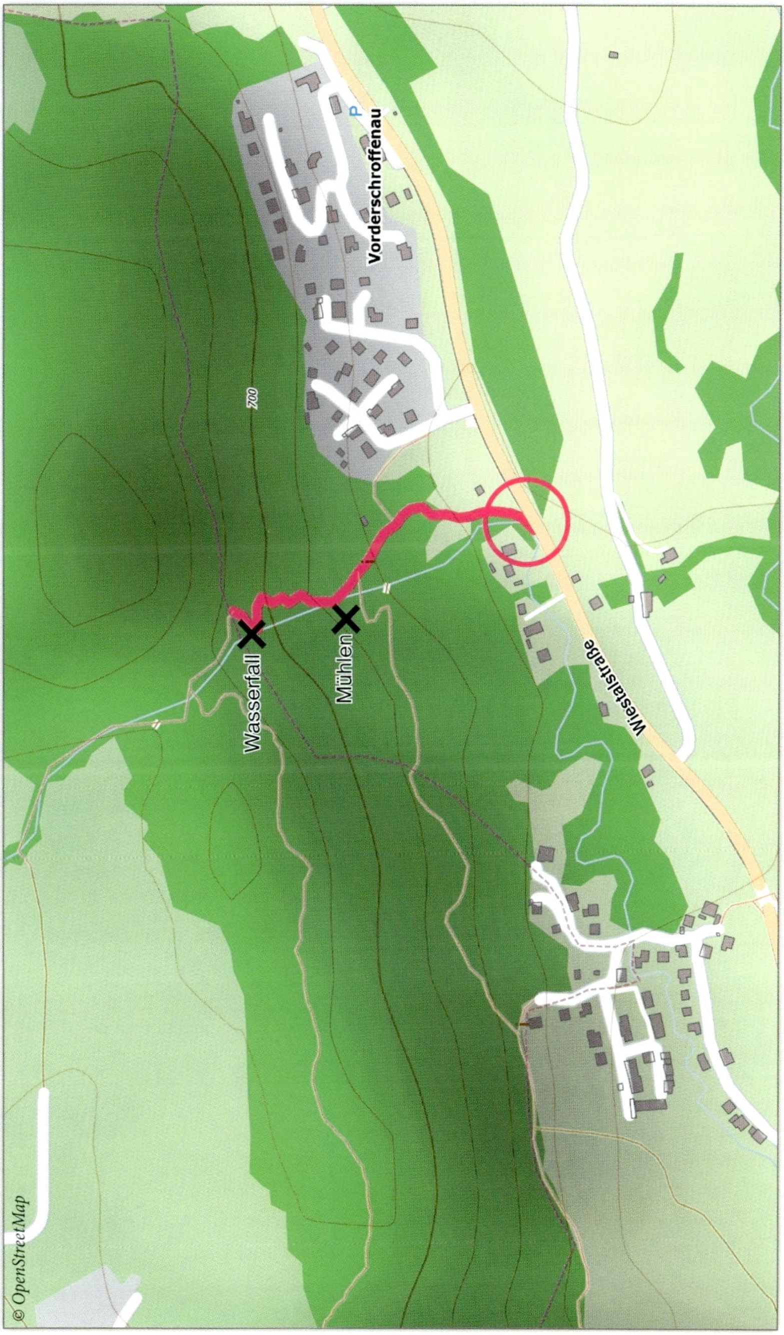
Vorderschroffenau
P
700
Wasserfall
Mühlen
Wiestalstraße
© OpenStreetMap

Felsenbad Plötz und eine der Plötzmühlen.

vertreten - ist wiederum ein Hinweis auf das Wirken weiblicher Kräfte, der mythischen Wildfrauen. Das Wasser des Weißbachs entspringt wiederum der Ostseite des Tabubergs Gaisberg und dort oben findet sich tatsächlich ein sagenumwobenes *Frauenloch*. Kein Wunder, dass wir den Wassergeist der Plötz so weiblich verspüren.

! ***An sonnigen Wochenenden sind allerdings zahllose Kurzausflügler und Familien unterwegs und es empfiehlt sich, der Plötz einen Besuch eher unter der Woche oder zumindest morgens zum Sonnenaufgang oder spätnachmittags abzustatten.***
Am rechten (Ost-) Ufer des 25 m hohen Wasserfalls führt ein steiler Steig über Wurzeln fast auf halbe Höhe, wo man/frau das Wasserschauspiel und die archaische Kulisse abseits und in Ruhe genießen kann. Ein guter Platz zum Meditieren und zur Kontaktaufnahme mit dem Geist des Wasserfalls.
Zur Adventzeit findet in der Plötz eine einzigartige Veranstaltung statt. Vor der atemberaubenden Kulisse zwischen Wasserfall, Felsen und den alten Mühlen laufen Perchten mit traditionellen Masken und seilen sich von den Felsen und über den Wasserfall ab.
Im Spätherbst ist die Plötz am schönsten, wenn die Sonne am Vormittag in die Klamm hineinleuchtet und in den Gumpen die bunten Ahornblätter schwimmen.

Ausgangsort Parkplatz Plötz an der Wiestalstraße
Hinweg vom Parkplatz Plötz bis zum Wasserfall 15 Minuten
Gelände teilweise etwas steilerer Waldweg, auch mit Kindern möglich, aber an manchen Stellen ist Vorsicht geboten

Der Dürrnberg
:: Geballte Keltenkraft ::

Oberhalb der Stadt Hallein erhebt sich der **Dürrnberg** (bis 800 m) mit seiner Stadgemeinde Bad Dürrnberg (Kurort), die über die *Dürrnberger Landesstraße* (L256) erreichbar ist. Der Schatz dieses Berges ist das Salz, welches in den salzführenden Gesteinsmassen über die Jahrtausende abgebaut wurde. Schon 4000 v. Chr. wurde aus natürlichen Solequellen Salz gewonnen. Um 600 v. Chr. begannen die Kelten erstmal Salz bergmännisch abzubauen. 1989 wurde der moderne Salzbergbau aus Rentabilitätsgründen schließlich eingestellt. Kurz darauf wurde das Salzbergwerk den Besuchern zugängig gemacht. Das weiße Gold der Alpen führte bereits zu einer frühgeschichtlichen starken Besiedelung, was die zahlreichen Ausgrabungen belegen.

Frauenbründl, ursprünglich Fieberbründl.

Wer sich mit der Geschichte des Salzbergbaus und der Kelten am Dürrnberg näher beschäftigen möchte, dem seien der Besuch des Salzbergwerks (Ramsaustraße 3) und des daneben liegenden (nachgebauten) Keltendorfes empfohlen.
Kraft- und Kultorte finden sich über den ganzen Dürrnberg verteilt und ermöglichen einen wahrhaft kraftvollen Tagesausflug. Die ansässigen Gesundheitseinrichtungen – das *Kurhotel St. Josef* und die *Emco-Klinik* – verdeutlichen noch heute die Bedeutung jenes Heil- und Kraftbergs, der durch seine Höhenlage ein sogenanntes Reizklima besitzt und durch Heilwasser und Sole verstärkt wird.

• Am Parkplatz des Bergwerks vorbei steigen wir beim Eingang zum Keltendorf die alte Hauptstraße *(Lettenbühel)* in wenigen Minuten hinauf zur Kirche. Kurz vorher sprudelt rechts in einem Brunnenhäuschen das **Frauenbründl**, das ursprüngliche **Fieberbründl**, das vermutlich der Anlass für eine der ältesten Marienwallfahrten des Landes gewesen ist. Das Wasser wurde einst gegen Infektions-, Augen- und Lungenkrankheiten sowie bei Pestgefahr angewandt. Die breite Indikationsliste des wohl schmeckenden Wassers

Alte Salzquelle. Der Frauenkultplatz mit der Marienkirche und den Kletterwänden. Ein Ort des Heils: der Lithopunkturstein. (Von links nach rechts).

sollte heute wieder erprobt werden. Die am nahen Rupertusplatz wachsende **Linde** gilt als Kraftbaum. Quelle wie Kirche waren der Muttergottes geweiht.

• Keltenforscher Dr. Georg Rohrecker vermutet daher einen alten keltischen (Frauen-) Kultplatz an dieser Stelle, der durch die weitere Anwesenheit von zwei (Katharina und Barbara) der drei Heiligen Madln in der **Marienkirche** bestärkt wird. Vor der Kirche bietet sich ein wundervolles Panorama über die Berge der Osterhornkette bis nach Salzburg und zur gegenüberliegenden mystischen Hexenwand. Hinter der Kirche toben sich an den hier zum Kirchenbau gebrochenen 'Marmorwänden' (eigentlich Kalkgestein) die Bouldersportler mit ihrem Kletterkult aus, wovon zahlreiche Kletterhaken und Routenbezeichnungen am Wandfuß zeugen.

• Wir wandern um die Kirche herum und ein Spazierweg führt uns rasch aufwärts zum **Kurpark Moserstein**, an den das Kurhotel St. Josef anschließt. Eine Schamanin hat im Auftrag des Tourismusverbandes einen *Themen-Mystik-Baumpfad* am Dürrnberg entstehen lassen, zu dem auch der **Birkenhain** im Kurpark gehört. Dieser Pfad verbindet Kraftplätze und schafft eine intensive Wegstrecke zum individuellen Wohlbefinden und Genesen.
So heißt es dazu (www.hallein.com/erlebnis-sport/kraftplaetze):
Inmitten des wunderbar vielseitigen und durchdacht angelegten Kurparks befindet sich in unmittelbarer Nähe der Fundstätte des Fürstengrabes ein Birkenbaumhain. Die Birke ist der Baum des Neubeginns, der Schöpfung und der keltischen Muttergöttin. Wenn man sich in den inneren Kreis dieser Bäume auf diesem Platz begibt, so kann man an sich einen angenehm veränderten Gesamtbewusstseinszustand erfahren. Harmonisierend und ausgleichend besteht auch die Möglichkeit zur Kommunikation mit der Kraft dieses Ortes.

• Im Kurpark findet sich aber auch das Gradierwerk, ein Freiluftinhalatorium. Aufgeschichtete Weißdornzweige werden mit Sole beträufelt und es entsteht ein Klima, ähnlich jenem an der Meeresküste, welches die Atemwege besser durchblutet. Ein weiterer Kraftort.

• Wir verlassen den Kurpark und das Kurhotelgelände über die angrenzende *Mosersteinstraße*. Am Ende des Hotelparkplatzes, ca. 100 m entfernt, südwestlich vom Hotel steht auf einem flachen Hügel ein sogenannter **Lithopunkturstein**, der über die zum Hotel gehörende Sebastianipromenade erreichbar ist. Über die Zacken des eingemeißelten Sternes im Stein bündeln sich Energielinien, die über dieses Zentrum sich verbinden und gleichzeitig wie ein Pulsieren wieder in die Richtung, aus der sie gekommen sind, zurück verströmen. Der Ein- und Ausatmungspunkt verfügt über eine sehr starke Energieeinheit. Wirkung - aufladend und harmonisierend bei depressiven Verstimmungen. Auf den Abstand zum Stein ist zu achten. Für Menschen mit sehr feinen Grundenergien ist mehr Abstand zu wahren. Heilungspunkt.

• Wenige Meter nördlich vom Stein befindet sich eine **alte Salzquelle**, die nur noch wenig Schüttung besitzt. Bei meinem Besuch war die Quelle stark verwachsen und in einem traurigen Zustand. Das Wasser tröpfelte aus einem Plastikrohr in einen schönen alten, aber überwucherten Steintrog.
Zu diesem Ort heißt es jedoch:
Das Salz ist das Herz des Dürrnbergs. Dieser alte Platz ist ein besonderer. Salz ist lebensnotwendig und reinigend. So ist es hier ratsam, als meditative Handlung

Mysteriöser Kultstein im Bereich der Keltenschanze.

Kultplatz: Linde mit Stein.

Altes zu reinigen, zu verabschieden und neues Leben zu visualisieren. Begegnen Sie diesem Ort mit Respekt und Achtung. Er steht energetisch mit einem Kultplatz der Keltenzeit in Verbindung. Wer dafür ein Gespür hat, kann diesen alten Quellplatz erkennen.

• Vom Kurhotel-Gelände sollten wir über die schmale Straße des Lettenbühels wieder zum Bergwerkparkplatz zurückgehen, um mit dem Auto den Dürrnberg aufwärts bis auf die bayerische Seite über die Verlängerung der *Dürrnberger Landesstraße* der *Hofgasse*, am *Hotel Kranzbichlhof* mit seinen Kraftplätzen vorbei bis zum *Hotel Neuhäusl* zu fahren. Hier beginnt der *Obere Knappenweg* und wir folgen der Beschilderung bergaufwärts. Nach wenigen Minuten haben wir den Wald erreicht. Dort, wo der Waldweg wieder auf eine Waldlichtung mit einer auffallenden Allee trifft, steht eine Ruhebank. Circa 30 Meter nach der Bank erreichen wir links eine mächtige **Linde** mit einem davor ruhenden **Kultstein**:
Entlang der bayrisch-österreichischen Grenzen wurden Linden gepflanzt. Einige von ihnen sind noch wunderbar gesund, mächtig gewachsen und erhalten. Umgeben von einem Wiesenhain hat dieser Ort eine besondere Ausstrahlung des Friedens. Für eine Grenze außergewöhnlich und vorbildlich. Unter der ersten Linde am Beginn der Wiese befindet sich außerdem ein alter Kultstein. Hier lohnt es, sich niederzulassen und die Zeitlosigkeit dieses Ortes auf sich wirken zu lassen. Besonders in den Dämmerzeiten des Morgens und Abends.

! ***Für mich ist Baum und Stein der stärkste Platz im keltischen Kraftareal am Dürrnberg. Hier herrscht Stille und Natur - hier werden Naturwesen und der Geist des Ortes sichtbar, wer sich ihnen rituell und/oder meditativ nähert.***

• Forschernaturen können sich östlich der Zufahrt zum Salzbergwerk einige interessante Orte selbst erschließen (das Auto am Bergwerksparkplatz belassen). Gegenüber der Zufahrt zum Bergwerk zweigt der *Grubenmühlweg* ab und nach wenigen Meter links eine steile schmale Straße zu einem 100 m weiter oben liegenden Bauernhof. Vorher führt ein unscheinbarer Wiesenweg zum Wald und auf eine kleine Anhöhe - **den Putzenkopf**. An den Terrassenhängen und am Putzenkopf selbst wurden verschiedene keltische Siedlungsspuren ausgegraben. Schon der nach kurzer Zeit erreichte Kessel unterhalb des geteilten Gipfels vermittelt einen wunderbar beschützten Siedlungsplatz mit Blick auf die *Hexenwand* und das *Ramsautal*. Der teilweise stark verwachsene Waldweg endet nach insgesamt ca. 15 Minuten im Gipfelbereich. Kurz vorher weisen Steinhaufen, zugewucherte Wälle und eigenarti-

Dürrnberger Linde mit Kultstein: Baum und Stein, mein persönlicher Favorit.

ge große Felsen mit starken Auswaschuungen auf die hier archäologisch festgestellte **Keltenschanze** (keltischer Kultort) hin. Man/frau muss hier schon genau hinsehen, um die ebene Fläche der Schanze zu erkennen. Mir fielen gleich zwischen dem üppigen Brennnesselfeld einige *Königskerzen* auf, die sich hier angesiedelt haben. Sie gilt als Zauberpflanze und wird wegen ihrer im Volksglauben verwurzelten, unwetterabweisenden Funktion auch Wetterkerze genannt. In diesem Fall weist uns diese bedeutende Zauberpflanze auf den uralten Kultplatz hin.

• Die früher noch erkennbaren und aufgefundenen *Petroglyphen* an der **Hexenwand** neben dem Bergwerksparkplatz sind weitestgehend verschwunden und zerstört. Auch der Ursprung des Namens Hexenwand liegt im Verborgenen.

• Ebenso der **keltische Brandopferplatz** am *Hallersbühel* (orientieren am *Hallerbichlweg*, der von der *Hofgasse* am oberen Dürrnberg südlich abzweigt) ist heute kaum noch auffindbar, da der Platz aus landwirtschaftlichen Gründen eingeebnet und die unzähligen Tonscherben in einen Graben geworfen wurden. Lediglich eine unterhalb des Platzes nahegelegene, gefasste Quelle kann noch einen Lagehinweis geben.

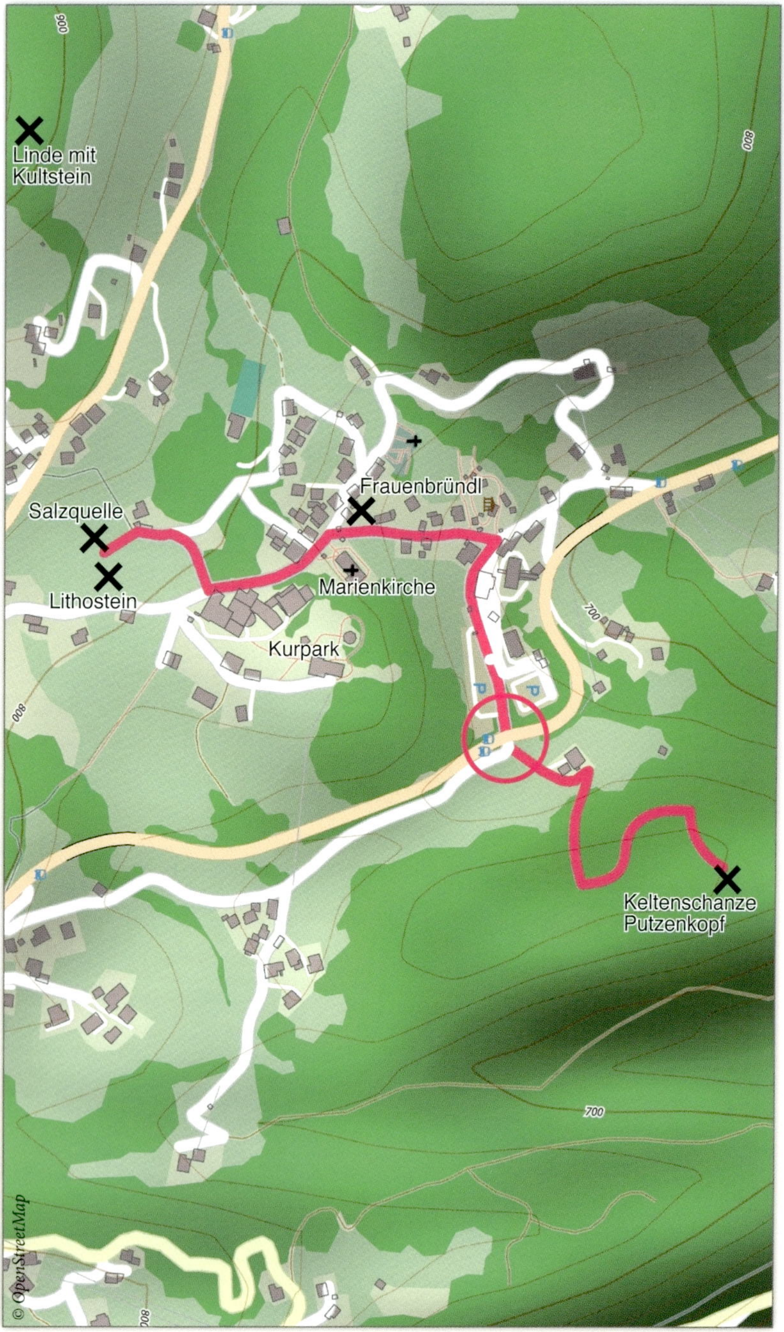
900
Linde mit
Kultstein
800
Frauenbründl
Salzquelle
Marienkirche
Lithostein
Kurpark
700
800
Keltenschanze
Putzenkopf
700
© OpenStreetMap
800

• Eine Einheimische verriet mir ihren persönlichen Kraftplatz – die **Raspenhöhe**. Jener markante Hügel mit dem Wasserhochbehälter und dem Funkmasten ist vom Lithopunkturstein gut zu sehen und über den *Raspenhöhweg* oder über den ab Sommerrodelbahnparkplatz beschilderten Wanderweg in ca. 30 Minuten erreichbar.

Ausgangsort	Bad Dürrnberg, Parkplatz Salzbergwerk
Gelände	unschwierig/ganzjährig (bis auf oberer Knappenweg und die Raspenhöhe: Frühjahr bis Herbst)
Anfahrt	Von Hallein über die Dürrnberger Landesstraße bis zum Parkplatz Salzbergwerk bzw. ab Hotel Neuhäusl für den Oberen Knappenweg. Die Touren können gut miteinander kombiniert werden. Am Dürrnberg besteht eine durchgehende Wanderwegbeschilderung, die auch individuelle Routen ermöglichen.
Rundwege	Oberer Knappenweg sowie Lettenbühel, Marienkirche, Kurpark und Abstieg über Rupertusplatz zum Bergwerk.
Gasthaus	mehrere am Dürrnberg
Sagen	Die Bergmännlein verlassen das Salzgebirge, Der Mann im Salz, Das kleine Kirchental, Maria an der Blochhütte, Das Marienbild am Dürrnberg, Als der Teufel um die Wette nähte

Zusammenfassung der sakralen Orte

- Marienkirche
- Frauenbründl neben Marienkirche

Themen-Mystik-Baumpfad am Dürrnberg

- Lithopunkturstein oberhalb des Kurparks Moserstein
- alte Salzquelle oberhalb des Kurparks Moserstein
- Kurpark mit Birkenhain und Solegradierwerk im Kurpark Moserstein
- Linde und Kultstein am oberen Knappenweg
- gastronomische Einrichtungen wie der Kranzbichlhof (geomantisch vermessene Kraftplätze) und das Keltencafé werben mit der Besonderheit des Dürrnbergs
- Keltenschanze am Putzenkopf
- Brandopferplatz am Hallersbühel
- Hexenwand mit Felsritzungen
- Raspenhöhc

Das Bruderloch bei Vigaun

:: Ein alter Kultort ::

Die Höhle ist als Kulturdenkmal ausgeschildert und gilt als die zweitälteste christliche Kultstätte im Salzburger Land. Ausgrabungen belegen eine durchgehende Nutzung zum einen als christliche Kulthöhle, Wohnstätte von christlichen Einsiedlern bzw. Waldbrüdern (Namensherkunft!) und auch als Bauhütte für die Arbeiter des nördlich gelegenen Konglomeratsteinbruchs.

Christliche Kulthöhle Bruderloch.

1556 wurde die Höhle zur Kapelle ausgebaut und noch heute werden hier Maiandachten gefeiert. Ein Steinsitz im Inneren der Höhle war einst der Priesterstein, von dem aus u.a. der heilige Severin – der Apostel Norikums – der Sage nach zu den Gläubigen sprach.

Das Bruderloch ist eine Konglomerat-Halbhöhle am Südwestabhang des Vigauner Riedls und am schnellsten von St. Margarethen (Parken im Ort) über den Bruderlochweg in 15 Minuten zu erreichen.

Durch die Nähe zur parallel verlaufenden Tauernautobahn hat dieser Unterwelt-Kultort viel an Kraft verloren. Dennoch hat sich durch die regelmäßigen Gottesdienste die spirituelle Energie jenes Ortes erhalten. Und fühlige Menschen können noch in seine lange Siedlungs- und Kult-Vergangenheit eintreten. Die geschützte Lage an einer der wichtigsten Handelsrouten des Landes lässt auf seine uralte Bedeutung schließen.

Ausgangsort Sankt Margarethen, Zentrum

Sie glaubten, ihnen werde kein Unheil widerfahren, wenn er anwesend sei.
Vita sancti Severini

Blick aus dem Bruderloch.

Hinweg	15 Minuten ab St. Margarethen
Gelände	unschwierig / ganzjährig
Sage	Von den ersten Christen im Tennengau

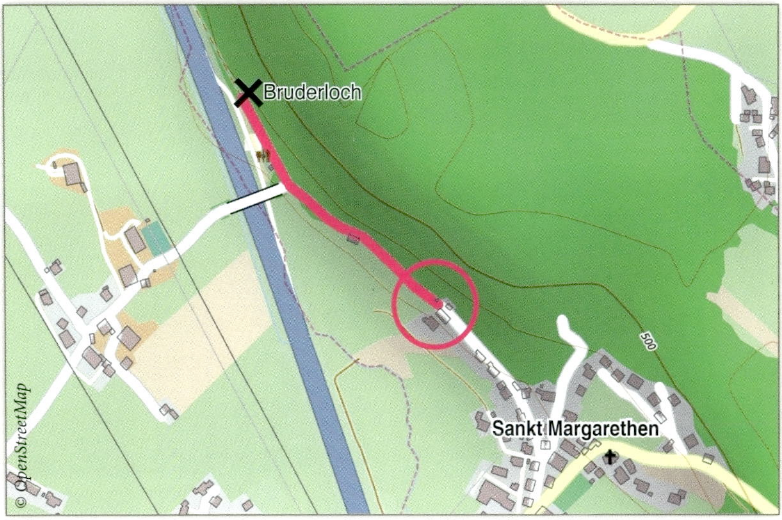

Der Georgenberg
:: Der Schatz der Erdgöttin und der Drachentöter ::

Der markante, steil aufragende Felsrücken **Georgenberg** bei Kuchl ist aufgrund seiner Alleinlage ein sogenannter Inselberg. Er ist ein uraltes Siedlungsgebiet, was Funde aus der Steinzeit, Eisenzeit und Spätantike belegen. Die Römer erbauten hier das Castell Cucullis. Auch der Aufenthalt des heiligen Severin um 470 ist bemerkenswert. So soll er gerufen worden sein, um heidnische Kulte mit frevelhaften Opferbräuchen auszutreiben. Sein sagenhaftes Kerzenwunder (siehe Sage) soll dann einige Heiden bekehrt haben.
Auf dem Georgenberg steht die Filialkirche St. Georg – eine Wallfahrtskirche und zugleich ein Kraftort. In der christlichen Frühgeschichte soll am Berg bereits ein Bethaus gestanden haben, später eine Einsiedelei. Wenige Meter nördlich der Kirche sind noch Mauerreste dreier Zisternen im Boden zu sehen.
Als Brauchtum wird zu Fronleichnam und zu Neujahr das Böllerschießen (nur Ledige dürfen schießen) gepflegt, das seine Ursprünge im Gewitter-(Wetter)schießen hat und zum sogenannten Lärmbrauchtum gehört. Östlich

Georgenberg – im Hintergrund der Schlenken.

Schatzloch am Georgenberg.

der Kirche zeugt das Schießhäusl von dem Brauch.
An einer steilen Felswand im Westen findet sich das **Schatzloch**, eine senkrecht stehende Felskluft (Länge: 30 m, Breite 1 m).
Am südlichen Ausläufer liegen Halbhöhlen in den Konglomeratfelswänden, an denen Steige entlang führen.

Die Überlieferungen weisen darauf hin, dass am Georgenberg bis weit ins Christentum sich heidnische Kulte erhielten, die dann der heilige Severin - *Kerzenwunder-Sage* - erfolgreich 'bekämpfen' konnte.
Der Drachentöter Georg verkörperte aus christlicher Sicht das 'Böse' und 'Heidnische'. Ursprünglich war der Drache / die Drachenschlange ein Symbol der Lebenskraft, des Todes und der Erneuerung. Er war stets mit Erdgöttinnen verbunden, die den Kreislauf des Lebens im Schoß der Erde bewirken.
Die zweite bedeutende Sage vom Georgenberg ist - *Die Schatzkiste im Georgenberg* -, in der der Teufel eine Schatztruhe in den Höhlensee bringt und diese dort von einem Hund mit glühenden Augen und dem Schlüssel zur Kiste im Maul bewacht wird.
Diese sagenhaften Schätze und das Motiv mit dem Wachhund und seinen feurigen Augen finden sich im ganzen Alpenraum wieder. Sie symbolisieren das geheime, gehütete und nur Eingeweihten zugängliche Wissen, um die verborgenen Kräfte der Erde und des Wassers.
Der Hütehund mit den glühenden Augen ist zudem ein Symbol für einen Kultgegenstand (Dreyfuß, auch Hunt genannt), der in vorchristlicher Zeit ein Utensil zum Räuchern für die Verehrung der drei Bethen war.
Somit mag der Georgenberg in früheren, vorchristlichen Zeiten ein Frauenkultort gewesen sein und das Schatzloch ein 'Ort der Wandlung' - der Schlüssel zu den Schatzkammern der drei Jungfrauen.
Bei archäologischen Grabungen wurden dann tatsächlich 'Schätze' (Schmuck und diverse Geräte) aus der Jungsteinzeit, der Bronze- und Eisenzeit entdeckt (siehe Museum Kuchl).
Volkskundler und Mythologen deuten die Schatzkiste auch als Uterus - als Symbol der Fruchtbarkeit.

Schatzloch
Kirche
Georgenberg
500
500
500
500
600
© OpenStreetMap

Eine weitere Sage - *Untersberger bei Golling* - weist uns darauf hin, dass die Untersbergmandl - das 'kleine Volk' aus matriachaler Zeit, ihr besonderes naturverbundenes Wissen auch im Kuchler Raum hilfreich weitergaben und ihre Geheimkulte für die Erdmutter vielleicht auch beim Schatzloch zelebrierten.

Vom Nordende, dem Berglweg an der Ostseite sowie ganz im Süden führen Steige auf den Georgenberg. Teilweise - insbesondere für den Südanstieg - wird Trittsicherheit, Schwindelfreiheit sowie gutes Schuhwerk empfohlen. Am Gipfelgrat - einem knapp 8 m breiten Felsband - des schmalen Südausläufers teilt sich der Weg. Ein breiter Weg leitet direkt über den Grat mit schöner Aussicht nach allen Seiten. Zwei weitere führen als schmale unbefestigte Steige zu beiden Seiten entlang den Nagelfluhbänken und an einigen Schichthöhlen vorbei, wo auch eine Ruhebank zu finden ist.
Im Südosten führt der asphaltierte schmale Sankt Georgen Weg hinauf zur Oberfläche, wo man/frau vor der Kirche parken kann.

! ***Als Kraftort lädt der Kirchenplatz zum Verweilen ein, von wo aus wir eine grandiose Rundumsicht erleben können. Auch die nördliche an-***

Trittsicherheit ist am Steig entlang des Gipfelgrats gefragt.

Blick zum Untersberg von der Kirche.

schließende Wiese bietet sich zum Krafttanken und zur Einkehr ein.
Wer direkt in die Erdkraft eintreten möchte, sollte dies im Anschluss im Schatzloch am Fuße des Georgenberg tun. In der Überlieferung heißt es, dass bis heute noch niemand den Zugang zum Höhlensee mit seinem Schatz gefunden hat. Wer jedoch mit Schatz die Erdenergie versteht und erkennt, wird durch entsprechende Rituale schnell in Kontakt mit der Erdgöttin treten.

Das Schatzloch (Hinweisschild am Berglweg) kann allerdings nur über eine kleine 2 m hohe Mauer erklettert werden. Der vordere Bereich des Schatzlochs wurde zu einem landwirtschaftlichen Schuppen ausgebaut. Bemerkenswert ist eine Waldrapp-Brut-Voliere, die wenige Meter neben der Höhle 2014 eingerichtet worden. Die zur Ibisgattung gehörende, vom Aussterben bedrohte Schreitvogelart soll hier wieder heimisch gemacht werden. Tiere werden geschützt, menschliche Kultorte zugemauert.

Ausgangsort	Georgenberg, Gemeinde Kuchl: Berglweg
Hinweg	*1.* per Auto ü. d. Sankt Georgen Weg im Südosten bis zur Kirche *2.* in 20 Minuten zu Fuß vom Leisenweg (beschildert), nahe dem Reitstall Georgenberg (Georgenberg 67) oder *3.* vom Süden über steile Steige in 30 bis 45 Minuten
Gelände	kein Problem, allerdings vom Süden schwierig, da Schwindelfreiheit und Trittsicherheit erforderlich!
Sagen	Die Schatzkiste im Georgenberg, Das Kerzenwunder des heiligen Severin zu Kuchl, Untersberger bei Golling

Der Wilde Freithof am Hohen Göll

:: Ort der Berggeister und der Ahnen – ein Tabuort ::

Der Hohe Göll: Berg der keltischen Urmutter Gula

Der Hohe Göll war ein heiliger Berg der Kelten. Schon die Bezeichnung 'hoch' weist uns noch auf seine einstige Bedeutung als 'göttlich erhaben' hin. Der 2009 verstorbene Keltenexperte und Historiker Dr. Georg Rohrecker erkannte in diesem Bergnamen seine keltischen Ursprünge. Berge wurden einst als Verkörperung der Schöpfergöttin - der Urmutter (in einer österreichischen Sage als Gula beschrieben) - verehrt. Ähnlich wie sein gegenüberliegender Bergbruder Untersberg wird der Göll von vielen Höhlen durchzogen und besitzt somit eine den Menschen der Frühzeit bedeutungsvolle Unterwelt, in der die Ahnen und Geister sitzen.
Während die Göllregion wenig übriggebliebende Kraft- und Kultplätze besitzt, so sticht doch gerade einer besonders hervor: der Lochstein in der

Wilder Freithof zwischen dem kleinen und großen Göll.

Ausläufer des Wilden Freithof.

Kühschwalb mit einer Tabuzone im Schoße der Bergmutter.

Das Geröllgebiet am Ende der Nordabstürze des Hohen Göll namens **Wilder Freithof** mag Endpunkt eines Weges der Ahnen und der Eingeweihten, der Seelen und ihrer Begleiter gewesen sein. Er bleibt den Ortskundigen und Bergerfahrenen vorbehalten und soll uns zum Nachdenken über seinen ursprünglichen Sinn anregen. Der Name deutet wohl klar auf einen Friedhof hin. Einst siedelten in diesen Höhenlagen die Kelten und dort oben bestatteten sie auch ihre Toten. Markiert der Lochstein in der unterhalb liegenden Kühschwalb die Pforte des Todes, die Pforte zur Anderswelt, die sich oben am Wilden Freithof im Schoße der Urmutter Gula öffnet?

Die **Sage vom Göllweib und dem Wetterbock** hat jedenfalls Ähnlichkeit mit der **Sage von der Steinernen Agnes im Lattengebirge**, die zu ihrer Errettung vor dem Teufel in Stein verwandelt wurde - und sie beinhaltet Elemente von den einst 'guten Berggeistern', die die Almbewohner beschützten. Diese heidnischen Wege zu den Naturgeistern wurden im Zeichen der Christianisierung schließlich dämonisiert. Nur in der Sagenwelt blieb noch etwas vom Hauch des früheren Glaubens und Wissens zurück.
Wer sich dem Wilden Freithof dennoch nähern will, sollte dies vom Kühschwalb-Tal aus ab dem Bereich des Lochsteins in Gebeten und in Meditation tun.

Ausgangsort	Gasteig, Gemeinde Kuchl, Parkplatz nahe Truckthannerhof (Kühschwalbweg)
Sagen	Wie der Wilde Freithof entstanden ist, Die Sage von der Glücksblume vom Hohen Göll, Von der verwunschenen Alm

Gasteig
Lochstein
Wilder Freithof
Hoher Göll
(2522)
© OpenStreetMap

Der Lochstein und die Hubertuskapelle in der Kühschwalb

: Ein Übergang zur Anderswelt :

An der Ostseite des Hohen Göll-Massiv liegt im Kuchler Ortsteil Gasteig der Naturpark Kühschwalb. Bei einem Wanderparkplatz neben dem Truckenthann-Hof endet die Fahrstraße. Ein bequemer Almweg durchzieht nun das Tal unterhalb der beeindruckenden Göll-Ostabstürze in dem der Weißenbach fließt. Schon nach wenigen Gehminuten erreicht man die Hubertuskapelle.

Hier steht der **Lochstein**, der nach dem Keltenfachmann Dr. Georg Rohrecker den Beginn einer Tabuzone markierte.

Ab hier regierte die Berggöttin Gula, die in vielen Sagen als 'beschenkende, beschützende und heilende Urmutter' (Rohrecker) zu finden ist.

Hubertuskapelle mit Lochstein in der Kühschwalb.

Meist wurden zwei Lochsteine aufgestellt, um den Bereich zu verdeutlichen und das Portal in die andere Welt zu symbolisieren. Der zweite Lochstein harrt noch seiner Wiederentdeckung.
Besonders sensitive Menschen verspüren hier noch den Beginn der dunklen Tabuzone als innere Blockade, die sie nicht weitergehen lässt, während auf der anderen, südlichen Bach- und Talseite sie wieder eine frische Lebenskraft aufnehmen und ein ausgeschilderter Weg zum Gollinger Wasserfall und seiner Quelle (Tour Nr. 42) führt. Diese Quellen galten einst als Ursprünge des Lebens und waren den Kelten heilig.

Ausgangsort	Gasteig, Gemeinde Kuchl, Parkplatz nahe Truckenthann-Hof (Kühschwalbweg), siehe auch Skizze von Tour 37
Hinweg	15 Minuten
Gelände	unschwierig / ganzjährig
Gasthaus	Gasthof Hochschaufler, Gasteigstraße 17

Die Teufelsbrücke, der Teufelsstein und das Tauglgries

:: Dämonische Badefreuden ::

Die **Römerbrücke** (Naturdenkmal) am Ende der von Kuchl kommenden Römerstraße gilt als die älteste Brücke im Land Salzburg (Baujahr 1613 – also nicht von den Römern erbaut) und verbindet Kuchl und Bad Vigaun. Sie wird im Volksmund nach einer Sage auch *Teufelsbrücke* genannt, derzufolge als letzter Stein der neuen Brücke vom Teufel in die Tiefe geschleudert wurde, nachdem er einen Pakt mit der Müllerin verloren hatte. Noch heute liegt der *Teufelsstein* unterhalb des Brückenbogens. Vermutlich lassen sich die Teufelsnamen auf Lage und Bauweise der Brücke zurückführen. Bei Bauwerken in solch steilem Gelände und mit übergroßen Bausteinen vermutete man/frau früher den Teufel als Baumeister. Ebenso wurden besonders starke Naturkräfte dem Teufel zugeschrieben.

Bemerkenswert ist die Geschichte einer Esoterikergruppe von 1998, deren Zelte auf einer Sandbank durch eine plötzliche Unwetterflut im *Tauglgries* weggerissen wurden und die dort gerettet werden mussten. Auch FKK-Anhänger besiedelten das Flussbett bis zum offiziellen Verbot.

Ein wahrhaft 'dämonisches' Treiben.

Leider wird die alte Brücke von einer großen neuen Betonbrücke überspannt, aber dennoch ist im Bachbereich ein Stück mythologisches Flair erhalten

Ein erfrischendes Badeparadies. Rechts die Teufelsbrücke mit Teufelsstein.

geblieben. Kurz hinter der Römerbrücke rauscht ein beeindruckender **Wasserfall** und das kristallklare Wasser des Tauglwildbaches leuchtet uns entgegen. Bachaufwärts *(Strub- und Tauglklamm)* sind die Canyoning- und Cliff-Diving-Sportler unterwegs, bachabwärts die Kraftort-Wasser-Fans. Dieser Bereich bis zur Einmündung in die Salzach wird *Tauglgries* genannt und ist ein Natur- und Europaschutzgebiet. Das Tauglgries ist schon lange kein Geheimtipp mehr und so tummeln sich hier in den Sommermonaten zahlreiche Badegäste an den iyllischen großen, flachen Felsplatten im oberen Bereich. Weiter unten weitet sich das Flussbett mit seinen riesigen vegetationsarmen Schotter- und Sandflächen bis auf 100 Meter. Am Nordufer führt ein schattiger Wanderweg (2 km) entlang und gibt immer wieder Zugänge und Ausblicke ins Gries frei.

Das Setzen von Steinmandl erdet.

Ausgangsort Kuchl, Römerstraße

Gelände unschwierig / Frühjahr bis Herbst

Hinweg/ Zufahrt v. Vigaun nach St. Koloman (L210), beschilderte Abzweigung nach links zur Römerbrücke. Südlich der Römerbrücke entlang der Römerstraße Nord finden sich Parkbuchten, von denen man nach wenigen Metern das Tauglgries erreicht.
Am Nordufer des Tauglgrieses führt ein Natursteig entlang.

Sage Die Teufelsbrücke in der Taugl

Tauglgries
Tauglgries
Römerbrücke
Taugl
Römerstraße Nord
Dorfstraße
Garnei
Brunngutweg
Kullergasse
Unterlangenberg
Bürgweg
Vigaun
Langgasse
Schulweg
Aigenpeterweg
Neuwirtsweg
500
© OpenStreetMap

Der Fagerstein und die Wilhelmskapelle

:: Kraft und Kult auf hoher Ebene ::

Erst war der Stein, dann kam die Kirche - eine kultgeschichtliche Entwicklung, wie sie so häufig überall im Alpenraum anzutreffen ist. Der **Fagerstein** und die wenige Meter davor stehende **Wilhelmskirche** (Holzbau) im Zimmereckwald bilden ein Kultareal: aus dem heidnischen Steinkult wurde der christliche Wilhelmskult. In der Nähe finden sich noch heute magische Steinkreise und Steinmandln.

Wir zweigen beim Bahnübergang von der Bundesstraße B 159 (Salzachtal Straße) auf die Landesstraße L 210 nach St. Koloman ab, fahren durch St. Koloman und biegen nach 1 km auf die Straße zum Seewaldsee (beschildert). Nach einem weiteren Kilometer halten wir uns auf der kurvigen und steilen Waldstraße bei der sogenannten Wegscheid rechts Richtung Seewaldsee (beschildert). Kurz nachdem die Straße wieder abwärts führt, sehen wir auf der linken Seite eine schmale Parkbucht, wo bereits der Wanderweg zur Wilhelmskapelle ausgeschildert ist. Den Waldwegen können wir nun links oder rechts folgen. Beide führen uns als Rundweg wieder zum Ausgangsort zurück.

Folgen wir zunächst dem westlichen Waldweg, kommen wir nach wenigen Minuten bereits an natürlichen Merkmalen für starke Erdstrahlung vorbei. Seltsam verformte Bäume und Ameisenhaufen sind diese untrüglichen Indikatoren. Rutengeher - 'neudeutsch' Radiästheten - spüren hier schon hohe Boviseinheiten.

Ich selbst konnte am 5. Juni 2006 bei einer Fichtenbaumschule neben dem Weg ca. 100 vor der Kirche beobachten, wie alle Jungbäume sich vom Kultort weggedreht hatten und so verbogen weiterzuwachsen schienen. Zwei Monate später standen sie jedoch wieder alle aufrecht. Sind die Erdenergien hier dynamisch, pulsieren sie, verändern sie sich im Jahreskreislauf? Auf meinem

Verbogene Bäume vor der Wilhelmskapelle.

Kompass waren zudem im Bereich des Fagersteins deutliche Abweichungen vom Erdmagnetfeld feststellbar.

Der eigentliche Kultstein befindet sich in Ausrichtung der Kirchenachse wenige Meter hinter der Kirche. Hinter einem ersten Spaltfelsen sehen wir kurz darauf den eigentlichen Spaltfelsen. Die zahllosen Geldopfer in den Ritzen des Fagersteins waren Grund für 'Grabräuber' eine Sprengung durchzuführen, die aber lediglich dazu führte, dass die Opferritzen verschüttet wurden. Gerüchte, dass die Amtskirche die Sprengung veranlasste, stimmen demnach nicht. In der Kapelle ist über die uralte Geschichte des Steinkultes mit seinem Durchschlupf oder 'Durchschliefen' nachzulesen.
Noch heute sind jene archaischen Steinkulte wirksam und werden hier zelebriert. Wichtig ist dabei die persönliche 'Polung' - also die Einstellung, mit welcher Absicht man sich diesen starken Erdenergien aussetzt. Sie können heilend, inspirierend, initiierend oder einfach nur wohltuend, energetisierend wirken.

! ***Besuchen Sie den Fagerstein am besten morgens oder abends. Für das Durchschlupfen empfiehlt sich morgens die Richtung von Westen nach Osten – also Richtung Sonnenaufgang und abends die umgekehrte***

Richtung von Osten nach Westen – also Richtung Sonnenuntergang. Besonders wirksam für den Kult sind die Sonnwendzeiten!

Rund um den Kultstein im Areal des Felssturzgeländes finden sich viele Felsritzungen - sogenannte Petroglyphen. Diese geheimnisvollen Zeichen im Fels sind auch heute noch zum großen Teil unverschlüsselt. Hier darf noch sowohl im Gelände als auch bei den historischen Spuren und Bedeutungen geforscht werden.
Die Fagerwand - ca. 100 m oberhalb über die Forststraße hinter dem Fagerstein erreichbar - ist nicht nur eine beliebte Kletterwand, die von dem Forstweg hinter der Kapelle in wenigen Minuten erreichbar ist, sie ist nach dem Heimatforscher Franz Spilka ein wichtiger Sonnenortungspunkt, z.B. vom Goiser Hügel (Tour Nr. 14) im Walser Feld aus gesehen. Dort beginnt zur Wintersonnenwende der Tagbogen der Sonne bei der Fagerwand.
Keltenfachmann Georg Rohrecker vermutet am Fagerstein bei der Wilhelmskapelle 'eine Art Wallfahrt für die dreifache Muttergöttin' und leitet dies u.a. aus der ethymologischen Herkunft des Namenbestandteils (wil = keltisch: hell, strahlend, weise, glückbringend, siehe auch Wilbeth) und der nahen Gitschenwand (Gitschen = tirolerisch für Mädchen) ab.

Diese Tour ist gut kombinierbar mit Tour Nr. 41 - Seewaldsee und Bärloch - und lässt sich dort auch durch eine Einkehr bei der idyllisch gelegenen Auerhütte abschließen.

Naturaltar mit Steinmandl beim Fagerstein.

Ausgangsort	Von Sankt Koloman Richtung Seewaldsee
Rundweg	30 Minuten
Gelände	unschwierig und ganzjährig geeignet
Gasthaus	Auerhütte am Seewaldsee
Sagen	Von der Wilhelmskapelle, Drachen im Neureitmoos

Besonderheiten dieses Ortes

- Felsritzungen
- Kultstein / Spaltfelsen
- Sonnenortungswand / Kletterwand

Zimmereckwald am 5. Juni 2006 und am 6. August 2006 - Erdenergien im Jahreskreislauf?

Seewaldsee und Bärloch

:: Von den Quellgeistern zum Höhlenbär ::

Der **Seewaldsee** ist ein idyllischer kleiner Bergsee in einem Naturschutzgebiet auf 1078 m Höhe, der zur Gemeinde Sankt Koloman gehört und von dort gut ausgeschildert per Auto erreichbar ist.
Wir beginnen unsere Wanderung am gebührenpflichtigen Parkplatz Seewaldsee südlich unterhalb des Trattbergs (Osterhorngruppe). Die Moor- und Sumpfvegetation des Sees ist ökologisch von großer Bedeutung.
Nach wenigen Minuten kommen wir bereits in Seenähe und damit zu einer beschilderten Abzweigung. Die Auerhütte liegt nun am links abzweigenden Weg und ist nach insgesamt 20 Minuten erreicht. Das Panorama der umliegenden Berge von der Osterhorngruppe, über das Tennengebirge bis in die Berchtesgadener Bergwelt ist einfach traumhaft.
Aus dem asphaltierten Weg zur Hütte ist nun rund um den See ein angenehmer breiter Forstweg geworden.

Am Seewaldsee

Erst der abschließende Aufstieg vom See zur Auerhütte ist kurz, steil und gatschig und erfordert festes Schuhwerk.

Für den Rundweg halten wir uns zunächst rechts und wandern gemütlich oberhalb des Seeufers weiter. Bereits am Westufer wird der See von Quellen gespeist. Im Bereich des Ostendes des Sees quert der Weg zahlreiche kleinere Quellrinsale. Das Element Wasser übernimmt trotz der umgebenden Gebirgskulisse die Führung. Hier erstreckt sich nun auch eine kleine Landzunge in den See hinein. Ein wunderschöner Platz zum Rasten und Meditieren. Auch ein Ritual für den Seegeist erscheint hier angebracht. Man/frau ist umgeben von einer alpinen Wasserwelt. Und so bietet sich auch ein Abstecher (Hin- und Rückweg 30 Minuten) vom Rundweg zum **Bärloch** (auch *Seewaldhöhle* genannt) an, aus der sich wiederum ein Höhlenbach ergießt.

Altar in der Bärenhöhle und oben ein Stein- und Baumheiligtum am Wegesrand.

An der Stelle, wo der Ablauf des Sees über eine Brücke überquert wird, setzt an der Nordseite des Seebaches ein Steig an, der schon bald in den Wald führt. Der Seebach setzt sich nun abwärts klammartig fort und wir gehen vorsichtig am schmalen und steilen Weg einige Meter oberhalb weiter. Kurz nach Überqueren einer Furt eines von oben herab kommenden, meist trockenen Baches (entspringt bereits dem Bärloch) halten wir uns links und steigen am Höhlenbach steil nach oben. Nach kurzer Zeit haben wir das untere Höhlenportal erreicht, aus dem der Bach mit einem kleinen Wasserfall heraus rauscht, steigen aber noch ein paar Meter höher zum oberen, durch einen Felspfeiler getrennten, ebenso großen Höhleneingang, der dann über schräg abfallende, rutschige (!) Wandstufen ins Höhleninnere und damit zum Höhlenbach führt.

Seewaldsee (rechts unten), Dachstein (links oben) und Tennengebirge (Mitte bis rechts).

Auerhütte
Seewaldsee
Bärenhöhle
1100
1200
1300
© OpenStreetMap

Höhlenforscher können nun weiter in die Unterwelt vordringen, uns soll aber der Kontakt mit dem Höhlen- und Wassergeist und mit der archaischen Kraft des Höhlenbären an dieser Stelle in die Anderswelt einkehren lassen. Ein Naturaltar durch mitgebrachte Blumen und Kräuter ist schnell errichtet und wird durch eine Kerze etwas erleuchtet. In die Bachhalle dringt noch ausreichend Licht von außen, sodass bis hierhin keine Lampe benötigt wird. Auch schamanische Reisen bieten sich an und der Klang einer Schamanentrommel erfährt hier eine besondere Akustik.

Blick aus der Bärenhöhle.

Am weiteren Rückweg wandern wir - zurück am See - über einen schmalen Steig an seiner Nordseite teilweise über Steine und Wurzeln bis zur Auerhütte. Besitzer der Hütte und des Almgebietes ist Thomas Strubreiter aus der Scheffau. Gemeinsam mit seiner Frau Michi und Tochter Sissy bewirtschaften sie die einzige 'Arche-Alm' in Österreich mit seltenen alten Nutztierrassen. Dort bekommt der Gast dann kulinarische Köstlichkeiten aus der eigenen Produktion und der Wanderer genießt die grandiose Aussicht auf See- und Bergwelt.

! ***Diese Tour lässt sich gut mit Tour Nr. 40 (Fagerstein) kombinieren!***

Ausgangsort	Wanderparkplatz Seewaldsee (gebührenpflichtig)
Rundweg	1 Std. ohne Bärenhöhle, 1½ Std. mit Besuch der Bärenhöhle
Gelände	unschwierig (Frühjahr bis Herbst) um den See, etwas schwierig am Weiterweg zur Höhle (Bergschuhe und Trittsicherheit empfehlenswert)
Gasthaus	Auerhütte (von Mai bis Oktober)

Der Gollinger Wasserfall

:: Ein Tor zur Anderswelt ::

Der als Naturdenkmal ausgewiesene attraktive und bekannte **Gollinger Wasserfall** (auch *Schwarzbachfall* genannt) soll schon den Kelten, die hier siedelten, als Ein- und Ausgang ihrer Seelen in die Anderswelt gedient haben. Keltenfachmann Dr. Georg Rohrecker stellt dabei den Bezug zum Namen des darüber befindlichen Göllmassivs her, dessen Namen von einer gallischen Urmutter stammt. Solche großen Quellen waren einst Plätze der Verehrung, heilige Orte, Kultplätze.

Quellhöhle am Gollinger Wasserfall.

Der Sage nach besteht eine unterirdische Verbindung – eine 'heilige Achse' - zwischen der Schwarzbachquellhöhle, aus der sich der Gollinger Wasserfall ergießt und dem sogenannten Gollinger Loch im 10 km (!) entfernten Königssee (Ostufer). So soll der Wassergeist - ein Nix - die Seelen der Verstorbenen im Gollinger Loch aufgenommen, in seiner Unterwelt beherbergt und zur Wiedergeburt in der Schwarzbachquellhöhle wieder freigegeben haben.

Die keltischen Frauen mit Kinderwünschen tranken vom Wasser des Schwarzbachs, nahmen das darin schwimmende kleine Seelchen in ihren Bauch auf und brachten daraufhin ihre Kinder zur Welt. Ob der Kult heute noch wirksam ist, darf gerne ausprobiert werden.

Forschungen der heutigen Zeit haben die unterirdische Verbindung nicht bestätigt, allerdings verbirgt sich im Göll tatsächlich ein riesiges Höhlensystem, was immer noch nicht ganz erschlossen ist.

Gollinger Wasserfall.

Und eine weitere Sage berichtet von einem Geisterzug 'grauer Männlein' zur nahe gelegenen Nikolauskirche. Es dürfte sich dabei um die Untersbergmandln handeln, jenes bergbaukundige Zwergenvolk, von dem die Untersbergsagen erzählen und die auch okkultes Wissen besaßen.

Der Ausgangspunkt liegt im Gollinger Ortsteil *Torren* ('torren' romanisch: tosender Wildbach), nahe der sehenswerten spätgotischen Wallfahrtskirche St. Nikolaus (siehe dort). Am Ende der Wasserfallstraße befindet sich ein Wanderparkplatz und zwei Gasthäuser.

Gollinger Quellhöhle.

Der Weg ist gut beschildert (auch rot/weiß markiert) und nach wenigen Minuten erreichen wir eine Brücke und kurz darauf das Kassenhäuschen (geringer Eintrittspreis, der Weg kann auch außerhalb der Öffnungszeiten auf eigene Gefahr begangen werden). Nach insgesamt 20 Minuten kommen wir

Kühle Luft und Staubregen kräuselt dem Bewunderer das Haar, welcher der Nässe nicht achtend, staunend verharrt.

Joseph Kyselak über den Gollinger Wasserfall (1799-1831, Wiener Alpinist)

zum ersten Wasserfall (75 m Fallhöhe) und können linker Hand einen steilen Holzstufenweg zur romantischen Regenbogenbrücke zwischen dem unteren und oberen Wasserfall hinaufsteigen. Der weiterführende Treppenweg führt uns schließlich zum **Hexenkesselsteg** und zum eigentlichen Ursprung, einer Karstquellhöhle, die wir nach insgesamt 35 Minuten erreicht haben. Vorsicht ist geboten, denn der Weg ist immer nass und rutschig. Hier braust und tobt es – hier spürt man die Urgewalten, die Elemente. Die Gischt der Wasserfälle verbindet uns bereits mit seinem Wesen.
Ab der **Quellhöhle** führt ein beschilderter Steig in 45 Min. weiter zum Naturpark Kühschwalb und dem dortigen Lochstein (siehe Tour Nr. 38).

Wer guten Kontakt zu den Wassergeistern finden möchte, sollte den Wasserfall außerhalb der regulären Öffnungszeiten – also morgens oder abends - besuchen. Als Kontaktorte und damit auch Kraftzentren empfehlen sich das Ufer am unteren Wasserfallareal, der Hexenkesselsteg sowie die Quellhöhle.

Ausgangsort Torren, Gemeinde Golling: Wanderparkplatz am Ende der Wasserfallstraße
Hinweg 20 Minuten bis zum Wasserfall, 35 Minuten bis zur Quellhöhle (von Mai bis Oktober geöffnet!)
Gelände unschwierig bis zum Wasserfall, mittelschwierig am weiterführenden Steig bis zur Quellhöhle /Frühjahr bis Herbst
Gasthaus Gasthof Abfalter und Gasthof Brennerwirt
Sage Das Kuchler oder Gollinger Loch

Gollinger Hexenkessel - Schleier in die Anderswelt.

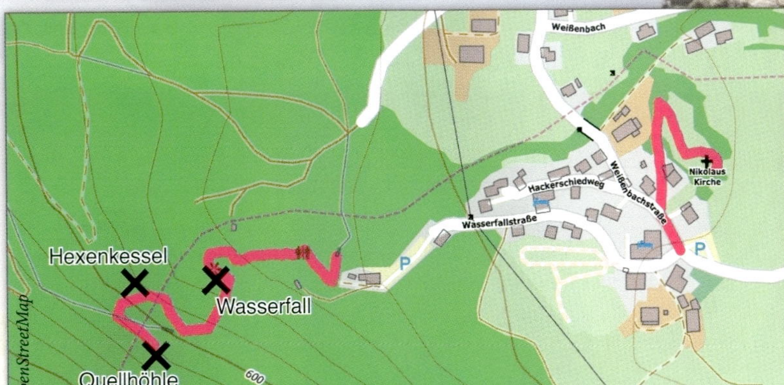

Der Nikolausberg von Torren

:: Ein Frauenkultplatz ::

Nikolauskirche.

Ein kurzer Abstecher führt uns auf den **Nikolausberg** in Torren (Ortsteil von Golling) und kann gut mit der Wanderung zum Gollinger Wasserfall verbunden werden. Wir parken in der Wasserfallstraße am kostenlosen Parkplatz vom Torrener Hof und erblicken hier schon den in wenigen Gehminuten auf einem Steinstufenweg von Westen aus erreichbaren Hügel, ein Konglomeratfelsplateau, auf dem die Wallfahrtskirche St. Nikolaus thront. Hier - am Fuße eines Urmutterberges (Hoher Göll) - lässt sich noch die Kraft eines einstigen Frauenkultes erahnen und erspüren.

Diese ovale Felshöhe mit 150 m Durchmesser war aufgrund der natürlichen Schutzlage von der Jungsteinzeit bis in die späte Eisenzeit durchgehend bewohnt, was Grabungen belegt haben. (Funde im Heimatmuseum Golling)

Die Kirche liegt am Südrand des Hügels, den wir an seinem Nordende betreten und zunächst auf eine große Wiese kommen, die Versammlungs- und Lagerplatz der Pilger war und ist.

Der Theologe und Kraftortforscher Franz Jantsch spricht von einer 'berührenden Vollkommenheit' des Platzes, auf dem man/frau sich 'wie im Himmel' fühlt. Er weist auch hin auf die starke Erdstrahlung in der ostwärts verlaufenden Kirchenachse, sowie unter dem Kirchenturm, bei der zur Wiese ausgerichteten Außenkanzel und am Beginn des Steinstufenwegs unterhalb der Felswände bei zwei Steinblöcken.

Von der einst großen Buche bei der Kirche, die auf einem starken Erdstrahlungsort stand, ist nur noch ein Baumstumpf vorhanden.

! *Wir können uns direkt auf den Baumstumpf stellen und die immer noch pulsierende Erdkraft verspüren.*

Nikolauskirchen haben - nach Rohrecker - stets einen Bezug zu den drei heiligen Madln (drei Bethen, drei Wildfrauen, drei Saligen) und deuten auf frühere Frauenkultplätze hin.

Aufgang zur Nikolauskirche am Torren.

Das Hochaltarbild in der Kirche zeigt den heiligen Nikolaus mit einem Buch auf dem drei goldene Kugeln sind - 'ein Symbol der alten Muttertrinität'. (...) *'Die Kinder um den Torrener Nikolaus sind in dünne Schleier gehüllt - in der Mythologie Erkennungszeichen von Engeln, Feen oder von menschlichen Seelen. Die Kinderseelen stehen für die Seelen von Verstorbenen. Sie erwarten nun ein Geschenk vom alten Wasser- und Fruchtbarkeitsheros Nikolaus: das Leben, ihre Geburt bzw. ihre Wiedergeburt.'* (Georg Rohrecker: Erlebniswandern Tennengau, S. 97 - Verlag Pustet, 1999)
Mit dieser Darstellung wird auch die Verbindung zum nahen keltischen Anderswelt-Ausgang des Gollinger Wasserfalls hergestellt.

Die Sage vom Geisterzug von St. Nikola berichtet zudem auch von grauen Zwergen, vermutlich den *Untersbergmandln*. Jene geheimnisvollen Wesen pilgerten nächtens zu bestimmten Kirchen rund um den Untersberg, um ihre Messen zu feiern.

Ausgangsort Torren, Gemeinde Golling: Parkplatz Torrener Hof, Wasserfallstraße 24, siehe auch Skizze von Tour 42
Hinweg 10 Minuten
Gelände unschwierig / ganzjährig
Gasthaus Torrener Hof
Sage Der Geisterzug von St. Nikola

Wo heute in den Ostalpen Nikolauskirchen stehen, waren ursprünglich Kultplätze, bei denen es um Fruchtbarkeit und ewiges Leben ging.

Dr. Georg Rohrecker (1947-2009, Historiker)

Egelsee – Waldkapelle – Rabenstein – Mandlloch

:: Ein Naturpark der guten Energien ::

Nur 10 Minuten entfernt vom Gollinger Zentrum, der Marktstraße, liegt der **Egelsee**, ein Seerosenteich. Er befindet sich zu Füßen des **Rabensteins** in einem Naturpark.

Brunnen am Egelsee.

Die idyllische Lage des kleinen Waldsees bietet dem Besucher Ruhe und Entspannung, er wird auch als 'Energieplatz' beschrieben. Ein wunderschöner Brunnen am Nordufer, der aus einem riesigen Eichenstamm hergestellt wurde, verspricht Erfrischung. Kinder freuen sich über den angelegten Abenteuerspielplatz.

! *Kraftortsucher sollten ein paar Minuten am Westufer zur ausgeschilderten Waldkapelle aufsteigen. Die vor 100 Jahren angelegte Marienkapelle liegt auf einem Kalksteinfelsen und bietet eine wunderschöne Aussicht ins Salzachtal. Bänke laden zum Verweilen ein und der in der Kapelle ausgehängte Sonnengesang des Franz von Assisi (Auszug siehe unten) kann uns gerade zum Sonnenuntergang an diesem Kraftort ein passendes Gebet sein.*

Gelobt seist du, mein Herr,
mit allen deinen Geschöpfen,
zumal dem Herrn Bruder Sonne;
er ist der Tag, und du spendest uns das Licht durch ihn.
Und schön ist er und strahlend in großem Glanz,
dein Sinnbild, o Höchster.

Auszug Sonnengesang Franz von Assisi

Die Sagen geben uns wieder Hinweise auf alte Kult- und Siedlungszeiten im Bereich Rabenstein. So soll vor langer Zeit ein Schloss am Rabenstein gestanden haben. In der Überlieferung wird u.a. eine Burgfrau, ein Rabe und ein Ring beschrieben. Letztere sind beide heute noch Bestandteil des Gollinger Wappens und waren in der

Bründl am Bründlweg.

Steinzeit Attribute der Erdmutter. Im Alpenraum finden sich heute noch Spuren der Ureinwohner in Form von Höhensiedlungen dieser Epoche, wo sich die Menschen damals sicher fühlten und zugleich dem Himmel nahe waren. Auch am Rabenstein belegen dies archäologische Funde.

Mandlloch in der Hiasenwand.

Und auch die Sage von den Untersbergern, vom 'kleinen Volk' im **Mandlloch**, deutet auf einen bevorzugten Siedlungsplatz und Rückzugsort hin.

Das Mandlloch ist für mich die erste vermeintliche Höhle der mythologischen *Untersbergmandln* bei der die speläologischen Nachforschungen eine befestigte Wohnanlage feststellen konnten. So ist im Salzburger Höhlenkataster (Kat.Nr: 1542/13) nachzulesen:

'Das Wildemandlloch zeigt Spuren einstiger Befestigungen. (...) Dass die Höhle bewohnt war, beweisen die Balkenlöcher in den Wänden und Reste von Mauerwerk an der Mündung sowie die Sagen, welche über dieselbe zirkulieren. So sollen

Die Waldkapelle.

die Bewohner (..) den Bauern bei der Ernte geholfen haben.' Außerdem heißt es im Fachgutachten 'die Höhle ist als Wärmespeicher zu bezeichnen.'

Achtung: der Zustieg zur Hiasenwand und die letzten Meter zur Höhle sind sehr steil und nur mit etwas Kletterei zu bewältigen.

Ausgangsort	Golling: Wanderparkplatz am Egelseeweg (über Trögergasse oder Möslstraße)
Hinweg	Vom Parkplatz Trögergasse oder Möslstraße über den Egelseeweg in wenigen Minuten (beschildert) zum See. Zur Waldkapelle etwa in 10 Minuten.
Rundweg	Als Ergänzung der Tour rund um den Rabenstein (Wegmarkierung 26) 1½ Stunden (auch ein Abstecher in 30 Min. direkt auf den Rabenstein - einem Ort der Stille - ist empfehlenswert. Archäologische Funde belegen dort eine bronzezeitliche Höhensiedlung. Die Sage *Wie Golling zu seinem Wappen kam* deutet zudem auf einen Schlossstandort hin).
Gelände	unschwierig
Gasthaus	Jausenstation St. Anton
Sagen	Untersberger bei Golling, Wie Golling zu seinem Wappen kam

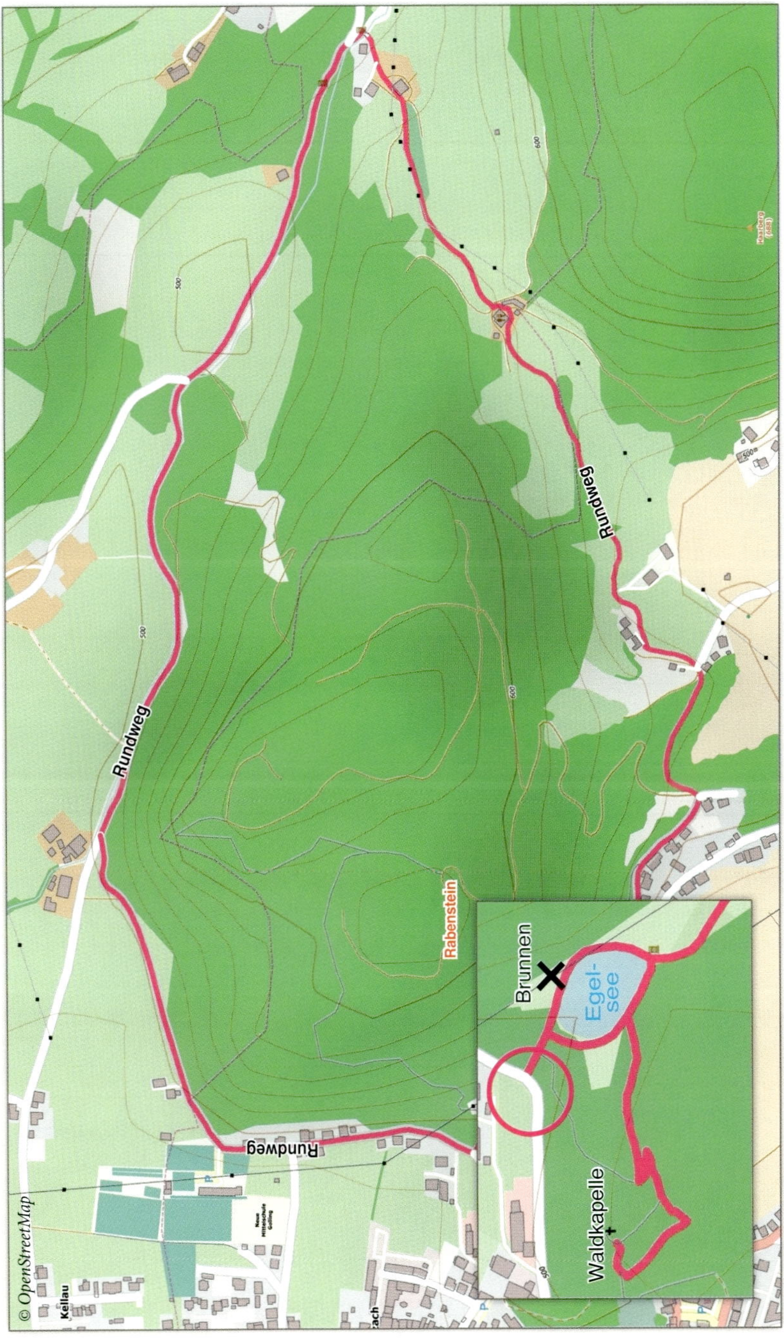

© OpenStreetMap
Rundweg
Rundweg
Rundweg
Rundweg
Rabenstein
Brunnen
Egel-
see
Waldkapelle
Kellau

Die Schneckenwand bei Rußbach

:: Steingewordene Einblicke in die Erdgeschichte ::

Ausgangsort für diese Rundwanderung (2½ Std.) in die Erdgeschichte ist der Dorfbrunnen von **Rußbach** am **Pass Gschütt**. Dieser einzigartige Brunnen sowie das Kriegerdenkmal wurden aus Schneckensteinen gebaut. Ab hier ist der Rundweg zur bekanntesten Fossilienfundstelle in der Region bereits beschildert und es sind bis dorthin 400 Höhenmeter zu bewältigen.

Die **Schneckenwand** liegt am Südhang des Gamsfeldes in etwa 1.200 m Seehöhe und bietet zudem eine traumhafte Aussicht auf Tennengebirge, Gosaukamm und Hohen Dachstein. Die Schnecken, Korallen und Muscheln lebten dort vor ca. 90 Millionen Jahren und wurden am Grund des eiszeitlichen Gosaumeeres abgelagert.

Wir gehen zunächst nach Osten entlang der Dorfstraße bis zum *Hotel Kerschbaumer*, halten uns nach etwa 3 km links und folgen dem Forstweg Richtung *Neualm*, der bald den **Randobach** überquert. Schon im Bachbett zeigen sich freigespülte Muscheln und Korallen.

Nach wenigen hundert Meter stoßen wir rechts der Straße auf eine mächtige Hangrutschung namens 'Dreckmaschine oder Dreckschleuder'. Hier lassen sich bereits erste Fossilien finden.

Nach insgesamt 1½ Std. haben wir die Schneckenwand erreicht.

Die eigentliche Fossilienfundstätte befindet sich gleich rechts der Forststraße. Die Schneckenwand besticht durch ihr Massenvorkommen der Rußbachschnecke vorwiegend der Gattung Trochactaeon und anderer Fossilienarten. An der von der Humusschicht freigelegten Fläche können die fossilen Schnecken direkt eingesehen werden.

Grabungen und Sprengungen sind strengstens verboten!

Schneckenwand
1200
1100
900
Randobach
Rußbach
© OpenStreetMap

Eine große Schautafel informiert über die Bedeutung der Fossilien an diesem Ort und eine weitere Panoramatafel erklärt uns die fantastische Aussicht. Nur selten ermöglichen uns solche geologischen Aufschlüsse einen Einblick in die Erdgeschichte, deshalb soll uns dieses Erkennen eine besondere Verbindung mit 'Mutter Erde' ermöglichen.

! ***Bei den Fossilienfundstellen im Raum Rußbach wurden über die Zeiten jene Geschenke der Natur im Übermaß mitgenommen, teilweise durch Sprengungen der Erde entrissen. Es sollte jenen Orten wieder etwas zurückgegeben werden. Bergkristalle oder andere Edelsteine in jeglicher Form und Größe bieten sich dazu an, sie an versteckter Stelle, wo sie nicht gleich wieder ausgegraben oder 'gefunden' werden, zu opfern. Ein Räucherritual und ein Gebet sollte dabei unsere Geschenke unterstützen.***

Der Rückweg führt uns abwärts durch den Hochwald zum Bauernhof *Fallenegg* und schließlich über eine asphaltierte Güterstraße entlang schöner Bergwiesen zum Dorfplatz.

Ausgangsort Rußbach, Dorfbrunnen
Rundweg 2½ Stunden
Gelände unschwierig, größtenteils Forst- oder Güterstraßen / Frühjahr bis Herbst

Heilig Bründl-Kapelle im Lammertal - Nähe Abtenau

:: Das Heilige Bründl ::

Das **Heilige Bründl** liegt am Fischbach an der Lammertalstraße südlich der Abtenauer Filialkirche Mühlrein. Sie ist auf einem natürlichen Felsen errichtet und gehört zum Grundstück des Maurachgutes. Das Bründl, welches sich ursprünglich am Kapelleneingang befand und schließlich der Kapelle den Namen verliehen hatte, war aufgrund vom Abwasserkanalbau längere Zeit versiegt. In Zusammenarbeit mit der Pfarre Abtenau ist die Wiederinbetriebnahme dieser heiligen Quelle gelungen.
Es wurden inzwischen 16.000 Boviseinheiten gemessen, was auf eine Revitalisierung des Quellwassers hinweist.

! *Der 'untergrabene' Wassergeist freut sich über Geschenke und Opfergaben. Dies hilft ihm zu seiner ursprünglichen Kraft zu kommen. Das Wasser kann jetzt schon wieder für Heilungszwecke getrunken und abgefüllt werden.*
Der durch die Kapelle überbaute Kultstein ist hinter (!) der Kapelle zum Teil frei zugängig. Dort ist der Platz, wo die einstige Urkraft noch spürbar ist, dort ist der Platz für Geschenke und Opfergaben.

Heilig Bründl-Kapelle und Innenansicht der Kapelle mit natürlichem Quellenstein.

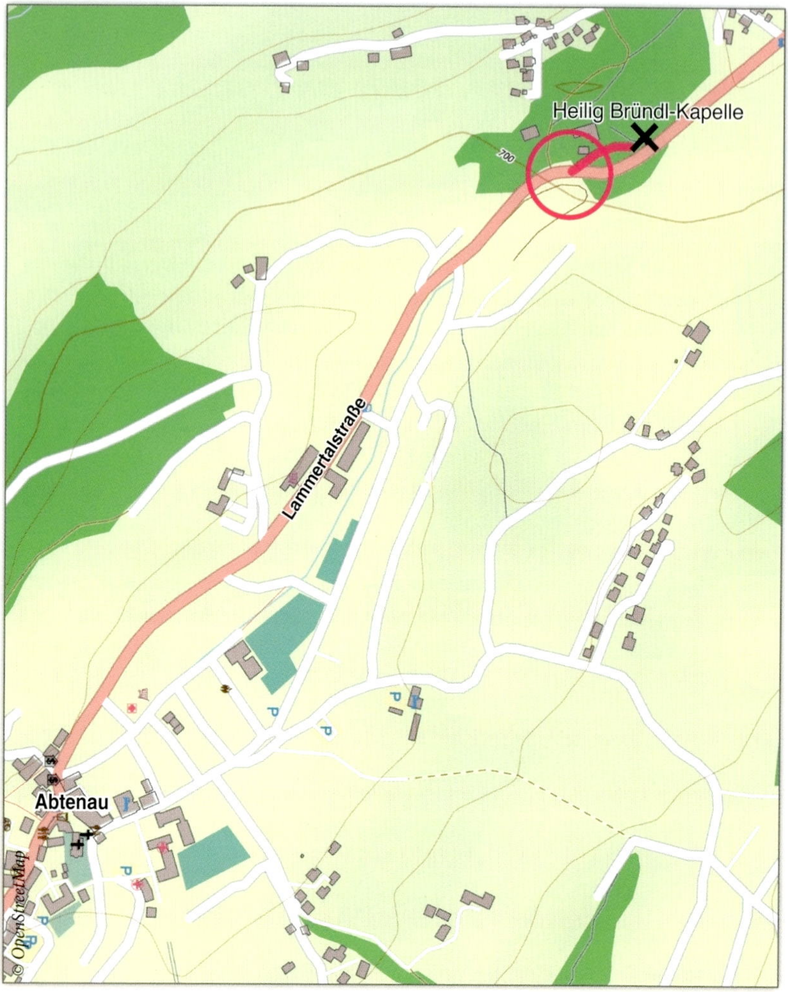

In der Heilig Bründl-Kapelle findet sich der überbaute Quellenstein im Altar wieder. Aus dem ursprünglichen Wasserkult wurde so ein christlicher Kultort. Bezeichnenderweise wurde in dem versperrten Kultstein ein Opferstock integriert.

Ausgangsort	Abtenau, Döllerhof 110
Gelände	unschwierig / ganzjährig
Hinweg	Parken vor der Firma Schnitzhofer Transporte & Erdbewegung GmbH, Abtenau. Vom Nordausläufer des Betriebsgeländes führt ein Weg (100 m) zum Bründl.

Die vergessenen Heilquellen vom Lammertal: Annaquelle und Rupertusquelle

:: Vom Jungbrunnen zum Jugendhotel ::

Von der Pass Gschütt Straße zweigt eine Straße ins Lammertal nach Hallseiten (leitet sich von hall / Salz / heilig ab, also vom salzhaltigen Heilwasser der beiden Quellen) ab. Dort befindet sich der ausgeschilderte Sportpark Rupertushof (Jugendhotel und Freizeitanlagen - Hallseiten 14, Abtenau). Doch einst wurden die dortigen Heilquellen in einer entsprechenden Bade-Anlage mit Kurhotel genutzt. Der Ort des heilenden und junghaltenden Wasser transformierte sich zu einer Einrichtung für die Jugend.

Die Annaquelle

Annaquelle als Badesee.

Das säuerliche Wasser der Annaquelle fließt heute in einen Naturbadeteich mit Wasserrutsche, Badeplattform und weiteren Erlebnisinstallationen. Sie entspringt - nicht zugänglich - am Hang hinter einem Nebengebäude des Hotels und wird dort bereits mit Kunststoffrohren gefasst. Ältere Wasserleitungen sind dort noch erkennbar. Das Ursprungsareal wird heute als Abstellfläche missbraucht und dem Quellgeist wird keine Beachtung mehr geschenkt.

Damit verliert eine einstige Heilquelle allerdings auch an Energie (14.000 Boviseinheiten). Die restliche Kraft kann heute nur noch durch die badenden Jugendlichen erfahren werden, die vermutlich unbewusst von der noch vorhandenen Heilwirkung profitieren.

Die Rupertusquelle

200 Meter weiter südlich der Annaquelle - am anderen Ende des 'Biotops' - tritt die salz- und schwefelhaltige Rupertusquelle, eine sogenannte Bitterheilquelle, am bewaldeten Abhang zu Tage, fließt in einer Rinne herab und scheint in

Rupertusquelle, die Ursprünglichkeit blieb erhalten.

das Erlebnisareal integriert zu sein. Die Rupertusquelle war früher auch bekannt als St. Rupertusbrunnen. Hier ist noch etwas von der Ursprünglichkeit des Quellgeistes und damit auch Heilenergie zu spüren (22.000 bis 30.000 Bovisheinheiten).
Beide Quellen sind Natrium-Calcium-Chlorid-Sulfat-Wässer (= gipsige Kochsalzlösungen).
Diese fördern Stoffwechsel und Verdauung und können als Trinkkur angewendet werden.

! ***Wer dem Quellgeist wieder mal etwas Gutes tun möchte, der betet für ihn und schenkt ihm etwas von Herzen kommendes. Dafür kann man/frau sich noch etwas 'abzapfen' und mit nach Hause nehmen.***

Fazit

Früher noch zu Kurzwecken mit entsprechender Heilwirkung, heute zum Vorbereiten für Outdoorevents des Sportparks, mit Canyoning-Trainingsrutschen und Kletterwand im (Heil-)Wasser. Ruhe, Einkehr, Heilatmosphäre? Wohl kaum. Der Jugend zum Wohl! Ein Ausverkauf unserer Naturheilkräfte.
Salzburger Nachrichten vom 31. Juli 2003 unter der Überschrift 'Heilwasser ungenützt' (Auszug):
Das 'Abtenauer Wasser' rinnt seit den sechziger Jahren die Lammer hinunter. Es hat eine Heilwasserqualität wie der Karlsbader Sprudel. Das natürliche Mineralwasser eignet sich besonders für Trinkkuren und Inhalationen. Vor allem bei Stoff-

Hallseiten
Annaquelle
Rupertusquelle
Jugendhotel
Lammer
700
700
Leitenhaus
Leitenhaus
Kaiser
Lindenthal
Lindental
800
Lacken
© OpenStreetMap

wechselproblemen soll das Heilwasser helfen. Die Quellen haben eine Schüttung von 140.000 Litern pro Tag.

Ausgangsort	Hallseiten, Gemeinde Abtenau: Jugendhotel, Hallseiten 14
Hinweg	Parken im Hotelgelände (Zugang zu den Quellen ist ausgeschildert und frei zugänglich)
Gelände	unschwierig / ganzjährig

Pass Lueg

:: Spuren im Fels und heilkräftiges Wasser ::

Drei Straßen überqueren heute den **Pass Lueg**, der durch lange Zeiten eine wichtige Handeslroute mit hoher strategischer Bedeutung gewesen ist. Davon zeugen auch noch alte Wehrbauten, die sich ca. einen halben Kilometer südlich befinden.

Zwei Kilometer südlich verläuft die Grenze zwischen dem Tennengau und dem Pinzgau.

Archäologische Funde aus der Jungsteinzeit und aus der Bronzezeit, wie z.B. der berühmte *Helm vom Pass Lueg* (Salzburg Museum) belegen die prähistorische Bedeutung jenes Passes. Es finden sich sogar römische Wagenspuren im Fels in der Nähe des Passes.

Pass -Zufahrt von Süden aus.

Ein Kriegerdenkmal erinnert an die blutige Geschichte dieses Areals insbesondere an den *Freiheitskampf der Salzburger* um 1800, ein weiteres auf der anderen Straßenseite an die Gefallenen im Zweiten Weltkrieg des Turnerbundes.

An solchen bedeutsamen Übergängen wurde schon immer gern geopfert (Bitt- und Dankopfer), zumal auf der Paßhöhe (552 m) sogar eine **Heilquelle** - das **Brunnecker Bründl** - entspringt. Diese liegt neben der Kapelle *Maria Brunneck*, an der auch die alte Straße und die frühere Römerstraße vorbeiführte. Die neue Bundesstraße (B 159 Werfen - Golling) verläuft unterhalb der Quelle durch einen Tunnel und die Autobahn mit ihren Tunnels (Ofenauer und Hiefler-Tunnel) berührt nur kurz bei der Salzachbrücke das Paßareal. Die Tauernautobahn führte zu einer starken Verkehrsberuhigung am alten Kultareal des Passes.

Nach der Legende soll die durstige Maria auf ihrer Wanderschaft hier gerastet haben und dadurch sei die Quelle entstanden. Ein vorchristliches Szenario, wie wir es bei vielen Quellen und Kultorten wiederfinden. Auch die Indikation des mineralstoffhaltigen Wassers ist nicht nur auf Augenleiden beschränkt, wie es auf der Hinweistafel daneben beschrieben ist. Mit der ent-

Römische Wagenspuren am Pass Lueg und Heilquelle Brunnecker Bründl direkt neben der Kapelle Maria Brunneck.

sprechenden inneren Einstellung kann das Wasser durchaus ein Allheilmittel sein.
Natürlich war die Quelle schon immer vorhanden, aber der starke Quellkult, an der ebenso stark frequentierten Heilquelle musste kirchenpolitisch in die 'richtigen' Bahnen gelenkt werden. Bis ins 18. Jahrhundert gab es nach *Maria Brunneck* eine beliebte Wallfahrt.

In den Felsen oberhalb der Passstraße sowie an den Felswänden nahe der südlich gelegenen Wehrbauten zeugen eine Vielzahl von sogenannten **Petroglyphen** (Felsritzungen) von Besuchern durch alle Zeiten. Leider mischen sich darunter auch moderne 'Felsgrafitti', die die alten Zeichen verändern oder gar ganz zerstört haben. Daher soll auch hier keine nähere Wegbeschreibung gegeben werden.
In den Petroglyphen lässt sich noch eine uralte, größtenteils unbekannte Geheimsprache erkennen, die die Bedeutung von Kult, Kunst, Glauben und Volksfrömmigkeit beinhaltet. Hier mag persönliche Intuition und Sensibilität einen Einblick in okkultes Wissen geben.

Wer den prähistorischen **Depotfundplatz** (Bronzezeit) in den Felsüberhängen aufsuchen möchte, muss dazu den kostenpflichtigen Steig (Mai bis Oktober) zu den Salzachöfen hinuntersteigen. In der Halbhöhle, einen weiteren Kultplatz am Pass, steht heute eine Ruhebank und bietet sich zur Einkehr an.

Maria Brunneck

An der Jagdstation - Kulthöhle oberhalb der Salzachöfen.

Das Rauschen der unter uns tobenden Salzachöfen im schattigen Bergwaldgelände erzeugt eine archaische Atmosphäre und vor dem inneren Auge erscheint der steinzeitliche Jäger, der hier seinen Unterstand und Schutz suchte und zugleich seine Opfer als Dankes- und/oder Bittgaben für eine erfolgreiche Jagd darbrachte. Der Steig kann natürlich ab hier in 20 Minuten zu den wildromantischen Salzachöfen fortgesetzt werden und vermittelt eindrucksvolle Einblicke in die Klamm.

Ausgangsort	Pass Lueg, Gemeinde Abtenau: Parkplatz Gasthof Pass Lueg
Hinweg	Parken beim Gasthof Pass Lueg. Maria Brunneck liegt wenige Meter unterhalb des Parkplatzes. Direkt unterhalb des Südbanners - zwischen alter und neuer Passstraße - sind die römischen Wagenspuren in den Felsen zu sehen. Vom Parkplatz zum Depotfundplatz über den Klammsteig 10 Minuten.
Zufahrt	Von Golling Richtung Werfen über die Bundesstraße B 159, von Norden oder Süden kommend jeweils dem großen Wegweiser (Banner) zu den Salzachöfen folgen
Gelände	unschwierig / zu den Salzachöfen und der Halbhöhle ist festes Schuhwerk zu empfehlen
Gasthaus	Gasthof Pass Lueg
Sage	Maria Brunneck in Deutsche Alpensagen

Der Autor

Rainer Limpöck wurde 1959 in Bad Reichenhall geboren und lebt bis heute im Berchtesgadener Land. Als Diplom Sozialpädagoge ist er seit 30 Jahren in der Erwachsenenbildung tätig. In seiner Kindheit begeisterten ihn die zahlreichen Sagen aus seiner Heimat und insbesondere die Mythen des Untersbergs mit den Untersbergmandln, dem Kaiser Karl und den Wildfrauen. Eltern und Großeltern machten ihn mit der umliegenden Bergwelt vertraut, in der er mit seiner Familie auch heute immer wieder anzutreffen ist.
Vor vielen Jahren bekam er schließlich einen energetisch-geomantischen Bezug zur beseelten Natur. Als schamanisch Tätiger erschloss sich ihm die Mythenwelt als Zugang zu einer Anderswelt, die mit den normalen Sinnen nicht erfahrbar ist. Er entdeckte Kraftorte und Kultplätze der Frühgeschichte, begann zusammen mit seiner Frau diese zu bereisen, zu dokumentieren und archivieren; zunächst im Internet (www.alpenschamanismus.de www.kraftort.org und www.untersberg.org) und seit 2009 in seinen im österreichischen Pichler-Verlag erschienenen Büchern 'Die Zauberkraft der Berge' und 'Mythos Untersberg' im Jahre 2011.
2012 begann die Zusammenarbeit mit dem Berchtesgadener Plenk Verlag, in dem 'Magisches Berchtesgadener Land' erschien und schließlich 2013 'Hoch und heilig – Begegnungen von Menschen und Geistern am Untersberg'. Es entstand somit eine Art spirituelle Enzyklopädie der Regionen rund um den Untersberg, die nun durch 'Magisches Salzburger Land' ergänzt wird.
In seiner idealistischen, ganzheitlichen, spirituell-ökologischen Arbeit vermittelt er insbesondere durch Vorträge, eine neue Sichtweise der Heimat und der Natur. Die Landschaftsmythologie und die integrative Heimatforschung sind für ihn damit auch zu Triebfedern geworden, immer neue Aspekte in Brauchtum und Religion zu finden. Ein sanfter Tourismus, der sowohl Einheimische als auch Gäste zu ihren spirituellen Wurzeln zurückführt, ist für ihn eine Herausforderung und Aufgabe geworden.
Mit dem vorliegenden Wanderführer erschließt er dem Leser eine Welt voller Magie und Mystik des Salzburger Landes, dessen Energiezentrum heute der Untersberg darstellt.
Kartenskizzen schaffen einen Überblick über Lage von Kraftorten und Kultplätzen und deren Verteilung, dazu werden Kulte und Rituale beschrieben sowie Tipps dazu gegeben, die einen praktischen Zugang vermitteln. Die Orte werden in einem metaphysischen, kosmischen Zusammenhang gestellt und sind nach Schwierigkeitsgrad/Erreichbarkeit gekennzeichnet.

Weitere Titel von Rainer Limpöck

Magisches Berchtesgadener Land

(Wanderführer mit Winterwanderungen)

63 Touren führen zu neuen und vergessenen Kraft- und Kultorten rund um den Untersberg. Dem schamanisch tätigen Autor erschloss sich die Mythenwelt als Zugang zur Anderswelt. Auf der separaten Wanderkarte sind die Kraftlinien, ausgehend von der Mittagsscharte zu den Untersbergkirchen sowie mythologischen Kult-, Kraft-, Sakral- und Naturkraftorte eingezeichnet.

176 Seiten, Broschur mit topografischer Karte
ISBN 978-3-940141-79-8
€ 18.90 (D) / € 19.40 (A)

Hoch und Heilig

Begegnungen von Menschen und Geistern am Untersberg

Die Licht- und Schattenseiten des heiligen Untersberges spiegeln eine in Vergessenheit geratene Anderswelt wider. Der heutige Wanderer begegnet wieder den mythischen Wesen. In der Seele eines großen Berggeistes erkennt er sich selbst und die Wunder der Natur. Die Wiederverzauberung der Welt beginnt an diesem Berg der Berge.

176 Seiten, Hardcover
ISBN 978-3-940141-99-6
€ 22.80 (D) / € 23.50 (A)

VERLAG PLENK
BERCHTESGADEN